주4일제 시대가 온다

주4일제
시대가
온다

일과 삶의
균형을 위한
새로운 전환

김종진 지음

루아크
RUACH

"과도한 장시간 노동은 노동자와 기업 모두에
심각한 결과를 초래할 수 있다. 노동자의 수면과 생체리듬,
가정생활이나 사회생활을 어지럽혀 피로를 쌓고,
기분, 건강과 안전, 작업 성과에 부정적 영향을 미친다."

—

국제노동기구ILO
〈노동시간과 일의 미래Working Time and the Future of Work〉

"모든 사람이 자기 자신을 계발할 기회를
동등하게 가질 수 있도록 노동시간과 자유시간의 비중이
비슷해져야 한다. 그러나 교대, 야간, 주말 근무는
사회적으로 자유시간을 감소시킨다."

—

테레사 뷔커Teresa bucker
《시간을 잃어버린 사람들Eine Frage von Macht und Freiheit》

내 삶을 빼앗은 사회 되돌리기

2025년 A대학교의 대입 논술전형에서 '주4일제'가 문제로 출제되었다. 2010년대에 감정노동이 논술 주제로 출제되었던 것처럼 사회현상을 반영한 것인지도 모른다. 시험문제를 접한 학생들이 어떤 답을 적었을지 궁금하다. 주5일제 도입 당시 있었던 노동시간 단축 논의와 지금의 주4일제 도입 논의는 접근 방식이 다르기 때문이다. 주4일제 도입과 관련해 단순히 노동자의 삶과 건강 문제를 강조하는 이들도 있지만 성평등이나 아이돌봄, 기후위기, 지역사회 활동과 연관 짓는 사람도 존재하는 등 주4일제를 바라보는 시각은 이전보다 더 다양해졌다.

주4일제는 실현 불가능한 제도일까? 누군가에게는 허황되고 현실성 없는 주장으로 들릴 수 있다. 하지만 불과 20년 전을 떠올려 보자. 토요일에도 직장에 출근하거나 학교에 가는 게 일반적이었다. 게다가 주5일제 도입을 반대하는 목소리가 상당히 높았다. 당시 경영계와 보수언론의 반응은 협박에 가까울 정도로 소름 끼쳤다. 이들은 "삶의 질을 높이려다 삶의 터전을 잃습니다" 같은 신문광고와 "주5일제 시행하면 경제가 죽는다" 같은 제목의 기사들을 앞세웠다. 그런데 혼란은 발생하지 않았고 경제 역시 죽지 않았다.

1936년 2주 연속 휴가 사용을 법제화한 프랑스에 비해 한국의 노동 현실이 암울한 것은 제도의 차이에 기반한다. 우리는 아이슬란드, 스페인, 프랑스 등 여러 국가에서 시행한 주4일제 실험에 주목할 필요가 있다. "4일만 일하면 경제는 어떻게 굴러가나?"라는 사고와 "3일 정도의 휴식과 재충전이 필요해"라는 접근은 서로 다른 철학에서 출발한다. 그렇기에 1966년 국제인권규약의 노동기본권 제정 이후 정책의 상상력은 입법의 틀과 경제 문제에 항상 가로막혀 있었다. 그러나 이제는 일이 삶을 압도했던 사회 풍조에서 벗어나 일과 삶이 조화를 이루는 사회를 모색할 시점이다. 주4일제가 일상화된 어느 날 "그때는 어떻게 일주일에 5일이나 일했지?"라고 회상하게 될지도 모른다.

1953년 '근로기준법'이 제정된 이후 수십 년 동안 대한민국 정부는 사회 구성원 전체를 '시간 부족' 상황으로 내몰았다. 이제는 우리 삶의 방식에 변화가 있어야 한다. 한국 사회는 연장 근로나 야간 노동, 교대제 노동은 물론 연차휴가나 유급병가 같은 문제에서 국제 기준에 부합하는 것이 하나도 없다. 특히 연차휴가나 돌봄휴가 같은 휴식의 정당한 보장은 제도 도입의 지체로 논의되지 않고 있고, 퇴근 이후 일과 연결되지 않을 권리 역시 중요한 과제인데도 관심 밖이다. 더이상 무한 노동이 이어지는 상황을 방치해서는 안 된다. 인간의 존엄성까지 빼앗았던 산업혁명 초기 '공장법' 시대로부터 이어진 '일하는 삶'에서 이제는 벗어나야 할 때다.°

전 세계적으로 노동시간 단축 사례는 프랑스(1998년)와 같은 법정노동시간 단축이 가장 널리 알려졌지만, 그 외 여

° 최근 몇 년 사이 노동시간에 대한 쟁점은 재택·원격 근무와 같은 텔레워크 도입에 따른 새로운 노동 규정과 감시 통제 문제였다. 유럽연합(텔레워크 협약, 2002), 프랑스(텔레워크, 2005), 독일(모바일 근무, 2021), 호주(텔레워크 법률) 등은 재택·원격 및 모바일 근무를 이미 법제화했다.

러 국가에서도 2000년대 전후 주당 근무 일수와 1일 근무시간에 변화를 주는 다양한 노동시간 정책 실험이 진행되었다. 유럽연합EU 회원국 안에서는 노동시간 기록 의무화(독일), 주 4일 청구권(벨기에), 재택근무 규정(노르웨이), 시간 빈곤 퇴치(스페인) 같은 정책들이 추진되었다. 그중에서 주4일제는 코로나19 시기를 거치며 국가나 지역 혹은 개별 기업 차원에서 그 도입이 본격 논의되기 시작했다.

이를테면, 영국 노동당의 전당대회(2019년 9월 23일) 공약이나 독일 금속노조IG-Metall(2021~2022년)의 단체협약 요구안으로 주4일제가 제시된 바 있고, 일부 지방정부에서는 자치 법규에 따라 공공기관에서 주4일제 실험이 추진되었다. 국제 비영리단체 '포데이위크글로벌4Day Week Global'은 이런 주4일제 실험 결과를 발표하면서 사람들의 관심을 끌기도 했다. 2024년에는 영국 노동당 정부가 '집권 100일 노동개혁 프로젝트'에 이른바 '연결되지 않을 권리'와 '주4일 유연근로제'를 포함했다. 이를 위해 2025년 영국 노동당의 피터 다우드Peter Dowd 의원이 주4일제 도입을 위해 '근로시간위원회 Working Time Council' 설치 법안을 제출했다.°

'시간 빈곤Time Poverty'에서 벗어나 일과 삶의 균형을 찾기 위한 시간 주권으로서 '주4일제'는 우리에게 어떤 시사점을 줄 수 있을까. 주4일제에 대한 회의론이나 시기상조론을 언급하는 이들에게 바라는 것이 있다면, 무조건 반대가 아닌 대안을 가지고 생산적인 논의에 참여했으면 하는 것이다.

2016년 11월, 국회에서 '시간 불평등'을 언급하면서 주4일제의 필요성을 처음 언급한 지 10년이 되어간다. 이 책에서 언급하는 주4일제 논의와 다양한 사례가 한국 사회에서 정책의 상상력을 넓히는 출발점이 되기를 간절히 바란다.

2025년 5월

김종진

° 영국 집권 노동당의 다우드 의원은 주4일제 연구 결과를 제시하면서 주4일제 전환으로 번아웃 71% 감소, 가사에 대한 균형 잡힌 조절 용이성 54% 증가, 업무와 돌봄을 병행하는 능력 6% 증가, 일과 생활의 균형성 62% 증가 등을 기대할 수 있다고 덧붙였다. 또 AI의 등장으로 근무 패턴이나 방식, 업무 성격이 바뀌어 결국 주4일제로 '불가피하게' 전환될 것이기에 이를 받아들이고 변화에 대비해야 한다고 주장했다.[1]

차례

6장 주4일제 법제도화 추진 과제와 숙제

1장

두려움에서
벗어나기
—왜 주4일제인가

365일, 24시간
노동을 착취하는 사회

찰스 디킨스의 소설《올리버 트위스트Oliver Twist》는 2015
년에 영화로 만들어졌는데 끝까지 보는 게 쉽지 않다. 산업혁
명 시기 아무런 보호도 받지 못한 채 장시간 노동의 굴레에
놓인 아동 노동의 실상을 여실히 보여주기 때문이다. 당시 산
업자본은 잠자는 시간을 제외하고 하루 14시간 혹은 18시간
씩 일을 시켰다. 노동을 상품화하고 착취를 발판 삼아 자본이
형성되던 시기였다. 하루 최대 10시간 노동을 규정한 '공장법

Factory Acts'(1847년) 개정도 이 시기 이뤄졌다.

윌리엄 블레이크William Blake의 시 〈굴뚝 청소부The Chimney Sweeper〉(1797년)의 첫 구절도 아동 노동을 이야기한다. 당시 굴뚝 청소는 몸이 작은 이들만 가능했기 때문에 임금이 싸고 조그마한 아동을 주로 활용했다. 200여 년이 지난 지금은 어떨까. 자본과 기업 수요에 맞춘다는 명목으로 혹은 경제 불황을 이유로 노동시간 규제를 풀거나 예외 규정을 두어야 한다는 이야기가 곳곳에서 흘러나온다. 낮은 소득을 보충하기 위해 더 많이 일하고 싶어 하는 사람들까지 막는 건 불공정하다는 것이다. 산업혁명 초기와 무엇이 다른지 반문하고 싶다.

노동운동의 역사는 노동시간 단축의 역사라고도 한다. 근대국가가 형성된 이후 1784년 영국 의회에서는 '1일 근로시간 10시간 규제' 법안이 부결되었다. 그 이후 1802년 1차 공장법 제정부터 1850년 5차 공장법 개정까지 약 50년 동안 노동시간 규정과 아동의 1일 노동시간 규제가 논의의 핵심으로 제안되었다. 그리고 1919년 '국제노동기구International Labour Organization, ILO'는 1호 협약으로 '8시간 근로'를 확정했다. 안타깝게도 지난 100여 년 동안 우리는 표준적인 1일 노동시간을 그로부터 단 1시간도 줄이지 못했다.

한국은 1953년 근로기준법 제정 이후 세 차례 노동시간 단축이 추진되었지만, 아직까지도 노동자들은 장시간 노동의 늪에 빠져 있다. 당연히 노동시간 단축의 목표는 장시간 노동의 근절과 근로시간 단축에 있다. 그러나 1일 노동시간 단축을 통한 주당 노동시간을 EU 기준에 맞추는 것조차 쉽지 않은 실정이다. 주5일제 논의 이후 일주일 연장 근로 한도 규제가 자본과 기업의 강력한 저항을 받지 않았는가. 5인 미만 사업장과 30인 미만 사업장의 노동시간 예외 규정도 노동시간 단축을 가로막는 장애물이 되고 있다.

직장인들에게 저녁은 단지 '야근하는 시간'일 뿐이다. 대부분의 직장에서 1시간 주어지는 점심시간을 모두 보장받는 것은 사치라고도 한다. 일주일 휴가조차 마음 편히 사용하기 힘든 조직문화가 일상화된 지도 오래다. 이처럼 일이 삶을 압도해 버린 오늘날, 불평등한 노동시간 배분이나 숨겨진 노동시간은 우리 모두의 삶을 시나브로 앗아가고 있다.

이런 상황에서 주4일제 논의가 조금씩 전개되고 있는 것은 내외부 요인이 맞물려 있어서다. 무엇보다 코로나19 팬데믹 시기 일하는 방식이 바뀌어야 할 필요성이 대두되고 단축 근무 경험이 조금씩 쌓이면서 주4일제 논의가 본격화되기 시작했다. OECD 회원국(연간 1784시간)이나 EU 회원국(1571시간)에 비해 한국은 장시간 노동(1872시간)을 수행하고 있다. 1

일 기준 일과 삶의 균형 지표에 한국 사람들이 관심을 갖는 이유일 것이다.°

일과 삶의 균형과 노동시간 단축

OECD(2020년)나 ILO(2022년)에서 말하는 '일과 삶의 균형'의 핵심은 장시간 노동과 관련이 있다. 장시간 노동은 개인의 삶과 여가에 활용할 시간을 축소해 이른바 '시간 빈곤' 문제를 초래하기 때문이다. 이를 해결하기 위해 자본과 보수적 정부는 사용자 중심의 유연 근로를 통한 방법을 제시해왔다. 이에 ILO(2022년)는 '사용자 중심의 유연 근로Employer-oriented flexible WTAs' '노동자 중심의 유연 근로Employee-oriented flexible WTAs' '노사 간 균형 잡힌 유연 근로Balanced forms of flexible WTAs'라는 세 형태로 이를 구분한다. ILO는 사용자 주도의 노동시간 배정이나 노동자의 선택권이 없는 노동시간 배정은 사실상 일과 삶의 균형을 파괴하는 것이라고 규정한

° EU의 '부모와 보호자를 위한 일과 삶의 균형에 관한 지침'(Directive [EU] 2019/1158)은 고용 계약을 맺은 모든 노동자의 육아휴직과 출산휴가 또는 보호자의 휴가 사용, 유연근무제 이용 권리를 명시한 것으로서 최소 기준을 설정했다.

다. 노동자들의 선택권과 자율성이 보장된 '시간 주권'이 매우 중요하다는 이야기다.

일과 삶의 균형을 통해 장시간 노동을 해소하면 생산성이 향상되고, 조직 구성원들의 동기를 유발한다는 긍정적 효과에 관한 연구들은 2000년대 이후 경험적으로 확인된 바 있다. 한국의 몇몇 연구나 유사 연구에서도 노동시간 단축이 일과 삶 모두에 만족[2]을 주거나, 장시간 노동을 해소하고,[3] 여성 고용[4]에 긍정적인 효과를 일으킨 것으로 나타나고 있다. 지난 2005년 주5일제 도입 이후 그 효과에 관한 분석 연구[5]에서도 10인 이상 근무하는 제조업 노동자의 연간 실질 부가가치가 1.5% 향상된 것으로 조사되었다.[°]

해외 연구에서도 기존 직원의 근속률이 증가하고, 신규 채용이 늘었으며, 결근율이 감소하고, 생산성이 향상되는 등의 이점이 확인되었다. 북미 전역 45개 기업을 대상으로 한

[°] 노동시간 단축과 관련한 비용 문제와 함께 가장 큰 논쟁거리였던 생산성 문제도 긍정적인 수치를 나타냈다. 국책연구기관(KDI)의 연구[6]에 따르면, 2004~2011년 데이터를 분석한 결과 주5일제를 실시한 이후 10인 이상 제조업체의 노동생산성(1인당 실질 부가가치 산출)은 1.5% 증가했다. KDI는 보고서에서 비효율적으로 오래 일하는 것보다는 효율적으로 짧게 일하는 것이 더 많은 성과를 낸다며 그에 맞게 임금체계를 개편할 필요가 있다고 제안했다.

연구에서도 '일과 삶의 균형 촉진' 정책 시행 이후 직원들의 근속률이 증가했고, 신규 채용이 늘어나는 결과를 보여주었다. 게다가 이 정책을 시행한 기업은 생산성 향상, 유연근로제에 따른 집중력 향상, 동기 부여, 근무시간 조정으로 인한 직무 만족도 증가 같은 다양한 효과를 체감했다.

한국은 OECD 회원국 가운데 장시간 노동이 가장 많은 국가에 속한다. 이에 따라 과로 사회에서 벗어나 일과 삶이 균형을 이루는 사회로 나아가기 위한 체제로 전환해야 한다는 목소리가 높아지고 있다. 사실 노동시간 단축은 ILO, OECD, EU 등 국제기구에서도 '괜찮은 일자리' 고용지표로 활용되고 있다. ILO는 이미 '괜찮은 노동시간Decent Working Time'을 주요 의제로 선정한 바 있고, 산업안전보건과 같은 노동자의 건강 관점에서도 이를 중요 주제로 다루고 있다.

우리에게 시간 주권이 필요한 이유

시간 빈곤과 불평등 논의에서 엘리자베스 코헨Elizabeth F. Cohen[7]은 한 나라의 정치체제가 얼마나 평등한지를 판단하려면 국가가 국민의 시간을 어떻게 다루는지 보면 안다고 말한다. 사실 개인이 시간을 사용하는 양상은 사회 환경과 역사,

정책 속에 배태되어 있다.[8] 이런 논의에 착안해 연구자 노혜진[9]은 한 국가의 노동정책과 사회정책 및 성평등정책 같은 제도적 특성에 따라서도 달라진다고 보고 있다.

실제로 다수의 국가에서 시간 빈곤은 법체계와 노동체제에 많은 영향을 받는다. 1953년 근로기준법이 제정된 한국(연간 2305시간)과 노동법이 개편된 독일(2330시간)은 노동시간 면에서 비슷하게 출발했지만, 60여 년이 지난 2017년에는 한국(2063시간)과 독일(1354시간)의 연간 노동시간은 700시간 이상 차이가 벌어졌다. 이는 한국의 법제도와 노사 간 힘의 역학관계가 '기울어진 운동장'처럼 불균형하기 때문이다.[10]

이를 반영하듯 세계보건기구WHO와 국제노동기구ILO의 체계적 검토에 따르면, 장시간 근무하는 사람들(주55시간 이상)이 표준적으로 근무하는 사람들(주35~40시간)에 비해 심장병과 뇌졸중 위험이 더 높다는 결론을 내렸다.[11] 2016년 기준으로 전 세계 인구의 8.9%인 4억 8800만 명이 주당 55시간 이상의 장시간 노동에 노출된 것으로 조사되었다. 이 가운데 심장병과 뇌졸중 같은 질환으로 약 74만 5194명이 사망한 것으로 추정된다. 이는 장시간 노동의 위험성과 심각성을 나타내는 표지다. 한국에서 주당 55시간 이상 노동하는 인구 비율은 8.1~9.2%로 멕시코, 콜롬비아, 튀르키예 다음이었다.

20세기 후반에 이르러 대부분의 국가에서 노동시간이 꾸준히 감소되어 오긴 했지만, 최근 몇 년 사이 그 하락 폭이 정체되고 있다. 그나마 노동시간이 단축되는 현상은 노동자의 안전과 건강을 위협하는 장시간 노동을 규제하는 정책과 시간제 노동이 확대되었기 때문이다. 특히 민주주의 체제 아래에서 자본과 기업이 활성화한 시간제 계약과 유연근로제는 노동시간의 자율성이나 일과 삶의 균형 문제에서 중요한 요소가 되고 있다. 자본주의 사회에서 과도한 시장 노동과 비시장 노동은 노동자들의 충분한 휴식과 여가 시간을 축소시킨다. 이런 장시간 노동과 미흡한 제도는 결국 여러 개인에게 시간 빈곤 문제를 초래한다.

대부분의 일터에서 노동자는 근로계약을 체결하는 순간 스스로 노동시간을 선택하거나 조절하는 게 불가능하다. 게다가 작업장의 다양한 통제는 승진이나 임금체계에 영향을 미치기 때문에 이른바 '시간 주권Time Sovereignty'을 회복하는 건 매우 중요한 문제가 되었다. 자본주의 사회에서 시간 주권을 확보하는 것은 개인으로서는 불가능에 가깝다. 곧 노동조합을 통한 단체교섭이나 법제도를 통해 해결할 수밖에 없다. 하루 24시간. 일주일 168시간 중에서 필수 활동에 들어가는 최소 시간을 제외한 뒤 남는 시간을 어떻게 활용할 것인지에 대한 다양한 해법을 모색할 시점이다.

　노동시간 단축 논의에서 항상 쟁점이 되는 것은 저임금 노동과 장시간 노동이 동시에 일어나는 이중 빈곤 문제다. 사실 소득 빈곤을 경험하지 않으려고 노동시간을 늘리다가 시간 빈곤에까지 이르는 것인데, 안타깝게도 이런 상황이 계속 유지되는 것이다. 시간 불평등을 해소하고 시간 주권을 되찾는 것은 이른바 '시간의 정치Zeitpolitik'다. 주4일제와 같은 노동시간 정책을 모색하면서 '소득＋사회보장＋일과 삶의 균형＋시간 주권' 문제들을 하나하나 살펴봐야 한다.

주4일제 논의의 궤적과 유형들

　국내외에서 진행된 주4일제 노동시간 단축 사례나 실험 형태, 방식 등을 자세히 들여다보면 기존의 자본주의 유형이나 노사관계 틀로부터 일정한 영향을 받았다는 것을 알 수 있다. 연구자 홀과 사스키[12]는 '자본주의 유형Varieties of Capitalism'에 따라 이를 두 형태로 구분했다. 아울러 주4일제 실험 사례는 노사 행위 주체의 '노동시간 정책 접근Working Time Approach' 방식에 따라 국가 차원(법률, 정책 실험), 지방정부 차원(자치법규, 실험), 산업업종 차원(단협, 실험), 기업별 차원(단협, 실험)으로 구분된다.

실제로 주4일제 실험은 주로 국가 차원(아이슬란드, 스페인, 벨기에 등), 지방정부 차원(영국의 스코틀랜드, 웨일스, 프랑스의 리옹, 오브자, 독일의 베델, 스페인의 발렌시아, 일본의 군마현, 치바현, 미국의 골든 등) 혹은 민간부문에서도 개별 기업 차원(프랑스의 엘데엘세, 파리교통공사, 영국의 아톰은행, 독일의 스파르타은행, 적십자병원)에서 진행되었다. 또한 주4일제 실험은 조직 형태(공공성: 보건의료, 교통운수, 공공시설)와 노사의 상호과정(단체협약 체결)에 따른 유형으로도 구분할 수 있다. 현재 유럽은 진보 정권이나 지방정부 또는 노사 단체협약 아래에서 실험이 진행되고 있다.

한편, 주4일제는 EU 차원에서 국가 간 합의나 의제에는 아직 포함되어 있지 않다. 하지만 다수의 유럽 국가에서 주4일제 실험이 다양한 방식으로 추진되고 있긴 하다.[13] 언론을 통해 소개된 벨기에, 아이슬란드가 대표적이다. 이들 국가에서는 정부의 지원 아래 임금 삭감 없는 주4일제 시범사업이 펼쳤는데, 이는 일본, 미국, 호주 같은 비유럽 국가의 사업 방식과 구분되는 차이다.

EU는 2022년 말 피에르 라루튀루Pierre Larrouturou 유럽의회 의원이 주도한 주4일제 시범사업을 승인했는데, 시범사업은 주4일제를 도입한 기업의 성공 및 실패 사례 그리고 거기에서 나온 교훈을 수집하고, 이를 회원국들과 공유하는 것이 목표였다. 아울러 유럽 지역에서는 주4일제와 별개로 다양한 노동시간 단축 실험이 진행되고 있고, 노동단체나 연구기관(EPSU, ETUI)을 통해 그 내용들이 하나둘 소개되고 있다. 여기에 코로나19를 겪으며 많은 사람이 재택이나 원격으로 근무하면서 일하는 방식이 바뀌어야 할 필요성이 제기되었다.

스페인, 프랑스, 영국 지방정부의 주4일제 실험에서는 일반적인 조직 단위 성과(생산성이나 주민 서비스)나 개인 단위 성과(노동조건과 일과 삶의 균형 개선) 이외에 다양한 목표와 지표가 제시되었고, 그 결과를 확인하고자 했다. 예를 들면, 스페인 발렌시아는 지역사회 활동이나 기후위기(도시 매연, 소음, 이산화탄소 배출량) 대응 목표가 추가되었다. 프랑스 리옹은 일과 삶이 균형에서 성평등한 노동조건을 실현하고 가사, 육아, 돌봄의 시간 격차를 해소하는 게 목표로 설정되기도 했다. 영국 사우스케임브리지셔 디스트릭트는 시민에 대한 서비스 불만을 해소하는 것과 함께 직원에 대한 고객 또는 제3자의 폭력 감소 등을 확인하는 내용이 포함되었다.

각 지역별 사례에서 확인할 수 있는 것은 주4일제 실험 추진 과정에서 일반적 목표와 조직 단위 목표 등 계획을 명확히 수립하는 게 중요하다는 점이다. 대부분의 실험은 단계별 성과 확인을 통해 실험을 확대하거나 지속적으로 운영하는 것으로 추진되었다. 실험 다수는 시범사업이나 실험 과정에서 워킹그룹이나 이해당사자의 의견을 청취하면서 리스크를 줄여나갔다. 이런 실험을 통해 주4일제 논의에서 노동시간 단축 없는 주4일제가 아닌 노동시간을 단축하는 주4일제로 정책이 설계되어야 할 필요성이 제기되었다.

기존 주4일제 논의에 대한
아쉬움과 새로운 가능성

주4일제에 대한 일부 사업장의 실험 사례가 있긴 하지만 제도가 본격적으로 확대되고 있는 것은 아니다. 그러나 다양한 실험은 주4일제가 또다른 대안이 될 수 있다는 공감대를 일으켰고, 이에 대한 사회적 지지가 확산되고 있다는 것을 보여주었다. 게다가 코로나19 상황은 각 국가나 지역, 기업의 주4일제 실험을 촉진하는 역할을 했다. 주4일제는 일자리 공유와 경제의 재활성화, 생산성 증가라는 목표는 물론, 노동자의 휴식권 보장과 일과 삶의 균형, 욕구 충족, 육체적·정신적 건강 증진, 직무 스트레스 해소 같은 사항들까지 모두 충족시

키는 효과적인 대안으로 인식되기 시작했다.

기존 연구에서 주4일제는 주당 표준근로일수를 5일에서 4일로 변경하고, 주당 법정노동시간(35시간, 38시간, 40시간)을 32시간 정도로 줄이는 것에 초점을 맞췄다. 여기서 주당 표준근로일수 감소에 집중한 주4일제는 일과 휴식의 적절한 균형을 위해 출퇴근 일수를 줄이는 측면을 강조했다.[14] 사실, 주4일제가 주요 의제로 부각되면서 나온 연구들은 기존의 노동시간 단축 정책과의 차이점을 언급하거나 이론적 검토, 양적 분석 혹은 질적 분석[15]이 대부분이었다. 그 외 다수 연구도 아이슬란드[16]나 스페인[17]에서 이뤄진 비영리단체 '포데이워크 글로벌'의 실험 보고서들이 상당수였다. 영국, 미국, 스페인, 포르투갈, 독일, 뉴질랜드 등에서 진행된 실험들은 개별 기업 차원에서 추진되었다. 주4일제 시행 전후를 비교하거나 실험군과 대조군 연구를 통해 노동시간 단축의 효과나 이에 따른 일과 삶의 균형 정도를 비교하지 못했다는 아쉬움이 있었던 것이다.

한편, 기후위기 대응 차원에서도 주4일제의 필요성이 강조되고 있다. 옥스퍼드대학교 웰빙연구센터Wellbeing Research Center의 드니브De Neve는 주4일제를 시행하면 노동자들의 일과 삶의 균형을 도모할 수 있을 뿐 아니라, 출퇴근 시간의 교통 정체가 해소되어 탄소배출 같은 부정적 영향도 감소시킬 수 있다고 보고 있다. 헨리비즈니스스쿨Henley Business School 역시 짧게 일할수록 친환경적이라고 보았는데, 사무실 공간 절약, 컴퓨터 사용 시간 축소에 따른 에너지 절약이 가능하며, 마찬가지로 교통 정체 해소에 따른 탄소배출량 감소로 환경에 긍정적이라고 여겼다.

한국에서도 주4일제나 격주 주4일제 또는 주4.5일제 같은 다양한 형태의 실험이 진행되었다. 주4일제(세브란스병원, 국립중앙의료원, 포스코)나 주4.5일제(MBC) 시행과 관련해 노사 단체협약이 체결된 곳도 있다. 최근에는 보건업, 금융업, 제조업 분야에서도 주4일 혹은 주4.5일제가 단체협약 요구안으로 논의되고 있다. 이런 측면에서 국내외에서 진행된 주4일제 실험 사례를 살펴보고, 일과 삶의 균형을 찾는 '시간 주권'과 '시간의 정치'가 정말 실현 가능한 일인지 그 가능성을 확인해볼 필요가 있겠다.

2장

노동시간 단축의
역사와
과정

사회적으로 달성해야 할
노동시간 기준 찾기

1919년 ILO 출범 제1호 협약은 '하루 8시간 노동'이었고, 1935년 47호 협약은 '주40시간 근로제' 결의였다. 1962년 주 40시간 근무를 '사회적으로 달성해야 할 기준'으로 선언한 지 벌써 60년이 지났다. EU는 1993년 '건강 및 안전 조치의 일환'으로 '주35시간제'를 채택했다. 일자리 창출이 목적이 아니라 일하는 사람의 권리에 초점을 맞춰 접근한 것이다. 산업화시대 이후 그 어느 나라에서도 노동시간 단축이 하루아침에 이뤄진 적이 없다.

ILO는 '좋은 일자리Decent Work'의 한 형태로 '괜찮은 노동 시간과 편성'을 강조한다. 1999년 ILO는 '괜찮은 노동시간'을 좋은 일자리 개념의 핵심으로 꼽았다. 장시간 노동을 규제하는 것과 더불어 노동시간을 균형 있게 편성하고 배열Balanced Work Time Arrangements하는 게 중요한 문제라는 것이다. 2019년 ILO 출범 100주년을 기념해 발간한 노동시간 보고서 〈노동시간과 일의 미래Working Time and the Future of Work〉에서 "과도한 장시간 노동은 노동자와 기업 모두에 심각한 결과를 초래할 수 있다"라고 지적했다. "노동자의 수면과 생체리듬, 가정생활이나 사회생활을 어지럽혀 피로를 쌓고, 기분, 건강과 안전, 작업 성과에 부정적 영향"을 끼친다는 것이다.

EU는 '노동시간 규정Working Time Regulations, WTR'을 위해 '노동시간 지침Working Time Directive, WTD'을 시행했다. 이 지침은 1993년 '건강 및 안전 조치의 일환'으로 채택되었다. 노동시간 규정은 1998년 10월 1일 시행되었는데 '노동 및 휴식시간Rest Period'과 관련한 새로운 권리와 의무를 적시해 놓았다. EU 국가 중 노동시간을 단축한 대표 사례는 프랑스다. 프랑스가 시행 중인 주35시간제는 1995년 논의가 시작된 이후 1998년과 1999년에 법제화 과정을 거쳤고, 2000년 1월 9일

공표한 뒤 2월 1일부터 시행했다. 2025년은 시행 25주년을 맞는 해다.°

노동시간 단축 논의의 여러 특징

노동시간 단축 논의는 유럽이나 한국 사례를 종합해 보면 대체로 네 유형으로 구분된다. 곧 '과잉 노동시간 단축 유형Reduction of Excessive Working Hours' '진보적 노동시간 단

° 주35시간 노동의 대표 나라인 프랑스는 1995년 논의를 시작한 이후, 1998년과 1999년에 걸쳐 주35시간법(일명 오브리법 1과 2)을 확정했고, 2000년 시행했다(기존 1982년 39시간). 연장 근로는 연간 총량 220시간으로 제한하는 것이 원칙이고, 이를 초과하는 경우 직업별 단체협약에 의거하거나 근로감독관의 사전 승인을 얻어야 하며, 급여 할증이나 경우에 따라 보상 휴가를 보장해야 한다(프랑스 노동법에 따르면 하루 6시간의 근무마다 최소 20분의 휴게시간을 부여해야 한다). 다만, 지난 30년간 프랑스 정부는 연간 최대 연장 근로시간을 늘리는 반면 고용주의 사회보장 부담금은 줄이거나, 근로시간 저축계좌나 의무적 보상휴가 같은 제도를 도입하고, 기업과 고용주의 근로시간 조정 권한과 재량근로제 시행에 힘을 실어주는 등 주35시간제를 보완하는 보수적 조정정책을 펼쳐왔다. 이에 따라 실질적 노동시간이 주당 37~39시간 정도 되는 풀타임 노동자들이 존재한다.

축 유형Reduction for Progressive Working Hours' '일자리 나누기 유형Accelerated Working Hours' '노동시간 유연화 유형Flexibility of Working Hours'이다.

또한 유럽의 노동시간 단축 사례는 '노동시간 단축의 내외적 환경' '노동시간 조절의 정책적 수단' '노동시간 단축 결과' 등 세 가지로 구분할 수 있다.° 대체로 법제도적 접근에서는 '과잉 노동시간 단축 유형'이 일반적으로 논의되었고, 사회정책적·노사관계론적 접근은 '진보적 노동시간 단축 유형' '일자리 나누기 유형'이 제시되었다. 다만 일부 영미 국가에서는 사회안전망이 고려되지 못한 상태에서 '노동시간 유연화 유형'이 정책으로 추진되기도 했다.

한편, 노사관계 차원에서 보면 다음 세 유형으로도 구분

° EU는 '노동시간 규정(WTR)'의 일환으로 '노동시간 지침(WTD)'을 마련해 시행하고 있다. 이 지침은 1998년 10월 1일 시행되었으며 '노동 및 휴식시간(Rest Period)'과 관련한 새로운 권리와 의무를 적시하고 있다. WTR의 세부 지침은 주당 최대 노동시간을 48시간으로 제한하고, 개별 노동자의 선택에 따라 48시간 제한을 적용받지 않을 권리를 인정하지만, 이 경우에도 보충휴식이나 대체휴일 등을 통해 노동자의 건강과 안전을 보호해야 한다. 이 외에도 야간 노동자의 노동시간이 24시간마다 평균 8시간을 초과해서는 안 된다는 내용 등을 포함한 야간 노동 보호지침과 적절한 휴게시간 보장 의무 등을 포함하고 있다.

이 가능하다. 첫째는 사용자 주도의 일방적 결정 모델로 미국과 같은 유형이고, 둘째는 노사 자율 합의 결정 모델로 스웨덴 같은 유형이다. 셋째는 법제도적으로 강한 구속력을 갖는 모델로 프랑스 같은 유형이다.[18] 각 유형에 따라 노동자나 경제에 미치는 영향에 커다란 차이가 있다. 사용자에게 해고나 시간 활용의 자유를 보장하는 정도에 따라 차이가 발생하기도 한다.

EU 주요 회원국이 맞닥뜨리는 노동시간 단축의 쟁점은 크게 세 가지다. 첫째, 공공부문과 민간부문의 각기 연동된 표준적인 서비스 체계 아래에서 협업 및 분절 업무 같은 요소들이 장애 요인으로 작용할 수 있다는 점. 둘째, 노동시간 단축으로 인한 인력 충원 문제, 임금 보전 문제 그리고 생산서비스 품질 문제가 발생한다는 점. 셋째, 주요 해법으로 제시된 임금 보전 외에 비노동시장 영역(교육, 주거, 돌봄, 교통 등)의 서비스 혜택으로 임금 손실을 보전해줄 수 있는가 하는 점 등이다.

이런 쟁점에서 볼 때 한국의 노동시간 단축 정책은 장시간 및 실노동시간 단축(법정노동시간과 실노동시간 단축: 장시간 기준 48시간 상한, 특례 업종 폐지), 쉴 권리 보장(적절한 휴가와 휴식시간 부여: 연차·특별·기타·병가·휴가, 최소 휴게시간 확보)

야간 노동 규제(야간 근무 규제와 시간 재규정), 시간 주권 확보 (노동시간 선택과 통제권·자율성 확대),° 예측 가능한 교대제(예 측 가능하고 다양한 교대제 노동) 문제를 면밀하게 검토할 필요 가 있다.

'이념 유형Ideal Type'으로 주4일제를 바라보면 그 접근 사 고나 관념이 매우 다양하다는 것도 인지할 필요가 있다. 몇몇 주4일제 실험에서는 주4일제(근무일 단축)와 주5일제(노동시 간 단축) 유형의 쟁점을 놓고 논의가 이어지기도 한다. 그런데 주4일제와 같은 근무 형태는 '새로운 노동시간 정책'임에 틀 림없다. 과거에 얽매인 시각과 논의를 가지고는 이해하기 어 려운 의제다.

주4일제는 장시간 노동을 해소하고 노동자의 안전과 건 강, 삶의 질을 향상시키기 위한 노동계의 미래 의제 중 하나 다. 이에 따라 현재 주4일제는 법정노동시간 단축 형태(현행: 40시간→개편: 32시간~36시간)를 비롯해 다양한 논의와 실험 이 진행되고 있다.

° ILO(2019)는 "노동자의 노동시간 자율성, 곧 시간 주권 확대가 필 요하며, 노동시간 선택과 통제권이 확대되면 노동자 건강과 복지 가 증진될 뿐 아니라 개인 및 기업 성과에도 긍정적인 영향을 가 져온다"라고 제시하고 있다.

삶의 존엄성을 파괴하는
장시간 노동

한국은 1953년 하루 8시간, 일주일 48시간 노동을 규정한 근로기준법을 제정한 이후 세 차례 노동시간 단축이 이뤄졌다. 그러나 한국은 ILO의 22개나 되는 노동시간 협약 가운데 주40시간(47호, 1935) 협약만 비준한 상태다. ILO, EU 등 국제기구의 일주일 48시간 노동을 기준으로 비교했을 때 한국(17.5%)은 EU 평균(7.2%)의 약 2배 이상이고, OECD 주요 회원국 중에서도 가장 높은 편에 속한다. 실제로 2023년 김종진의 조사에 따르면, 한국은 연차휴가를 적게 사용(평균 8.6일, 소진율 66.1%)하는 등 일과 삶의 균형이 지켜지지 않는 상황이다.

2021년 WHO와 ILO의 공동 보고서는 장시간 노동의 위험성과 심각성을 지적한 바 있다. 한국산업안전보건공단의 근로환경조사(2020~2021년)에서도 임금 노동자의 피로(24%)와 수면장애(15%) 등 장시간 노동의 폐해가 확인되었다. 더불어 고용노동부, 근로복지공단에 따르면, '업무상 뇌·심혈관계질병 산업재해'(과로사나 뇌심혈관계질환 등)의 증가 추세도 계속되고 있다. 이 가운데는 55세 이상 고령 노동자가 전체의 절반 이상이다. 따라서 과로의 기준이 변화하는 환경에 맞게 재조정되어야 하고, 일하는 방식도 변화해야 한다.

한국은 1953년 근로기준법을 제정한 이후 1989년 주44시간, 2003년 주40시간, 2018년 장시간 노동 규제까지 크게 세 차례 법률을 개정했다. 한국의 노동시간은 헌법 제32조와 근로기준법 제50조 및 제110조에서 그 원칙과 방향을 제시하고 있다. 노동자의 일주일 근로시간은 40시간을 초과할 수 없고(제50조 1항), 하루 근로시간은 8시간을 넘어설 수 없으며(제50조 2항), 이를 위반한 자는 2년 이하의 징역 또는 2000만 원 미만의 벌금에 처한다(제110조 제1호)고 명시하고 있는 것이다.

그럼에도 지난 수십 년 동안 노동시간 단축은 요원했다. 다만 2000년대 이후 대통령 직속 노사정위원회(현 경제사회노동위원회)에서 두 차례 노동시간 단축과 관련해 의미 있는 합의가 이뤄진 바 있다.° 우리에게 익숙한 이른바 '주5일제'(주40시간) 시행 이후 OECD 평균 노동시간대에 진입하는 것을

° 노사정위원회에서는 '장시간 근로 관행 개선과 근로 문화 선진화에 관한 노사정 합의'(2010년 6월) 및 '노동시장 구조 개선을 위한 노사정 합의'(2015년 9월)에서 실근로시간을 2020년까지 1800시간대로 단축키로 합의했다.

목표로 노사정이 합의한 것이다. 그러나 아직까지도 OECD 평균 노동시간대에는 진입하지 못하고 있다. 그나마 장시간 노동을 해소하기 위해 2018년부터 시행된 52시간 연장 근로 한도와 1년 미만 재직자의 연차휴가 11일 부여 정도가 추가되었을 뿐이다.

한국 노동시간 단축 법제도의 흐름

- **1953년 5월 10일 근로기준법 제정**
  (1일 8시간, 1주 48시간)

- **1989년 3월 29일 근로기준법 개정**
  (주48시간에서 주44시간으로 단축)

  - 1단계(1989년 3월 29일): 모든 사업장. 주48시간에서 주46시간으로 단축.
  - 2단계(1990년 9월 30일): 300인 이상 사업 또는 사업장과 금융보험업. 주46시간에서 주44시간으로 단축.
  - 3단계(1991년 9월 30일): 나머지 모든 사업 또는 사업장, 주46시간에서 주44시간으로 단축.

- **1998년 근로기준법 개정 논의**
  (주44시간에서 주40시간으로 단축-주5일제 논의)

- 2002년 5월 대통령 직속 노사정위원회 '근로시간 단축 특별위원회' 구성.
- 2002년 10월 가칭 주5일제 입법안 국회 제출
- 2003년 8월 국회 근로기준법 개정안(근로기준법 50조 개정) 통과.

• **2003년 8월 29일 근로기준법 개정**
  (주44시간에서 주40시간으로 단축-주5일제)

- 1단계(2004년 7월 1일): 금융보험업, 정부 투자기관, 지방공사 및 공단, 정부 출연기관 및 단체, 상시 1000명 이상 근로자를 사용하는 사업 또는 사업장.
- 2단계(2005년 7월 1일): 국가 및 지방자치단체의 기관, 상시 300명 이상 1000명 미만 사업 또는 사업장.
- 3단계(2006년 7월 1일): 상시 100명 이상 300명 미만 사업 또는 사업장.
- 4단계(2007년 7월 1일): 상시 50명 이상 100명 미만 사업 또는 사업장.
- 5단계(2008년 7월 1일): 상시 20명 이상 50명 미만 사업 또는 사업장.
- 6단계(2011년 7월 1일): 상시 20명 미만 사업 또는 사업장.

• **2018년 7월 1일 근로기준법 개정**

(주68시간에서 상한[노동부 고시] 52시간 법제화)

- 1단계(2018년 7월 1일): 상시 300인 이상 사업장의 52
  시간 상한(1주 12시간 연장 근로 금지).
- 2단계(2019년 1월 1일): 26개 특례 업종 중 5개 업종을
  제외하고 모두 적용.
- 3단계(2020년 7월 1일): 상시 50인 이상 사업장의 52
  시간 상한.
- 4단계(2021년 7월 1일): 상시 5인 이상 사업장의 52시
  간 상한.

• **2022년 노동시간 유연화 및 30인 미만 사업장의
  추가 연장 근로 확대 등 국정과제 발표 및 추진 등**

- 연장 근로 확대 등(2023년 3월 6일): 고용노동부 근로
  시간 개편 방안 발표(연장 근로 한도 확대 등).
- 일부 업종 연장 근로 확대(2023년 11월 13일): 현행 '1
  주 52시간 한도'(1주 연장 근로 한도 12시간 유지) 유지
  및 일부 업종 검토 발표.

주4일제의 촉매가 된 실험과 연구

주4일제 지지자들은 주4일제가 실현된다면 일과 삶의 균
형, 신체 및 정신건강 증진, 성평등 향상 같은 다양한 사회경

제적 효과가 있을 것이라고 언급한다. 비영리단체 '포데이위 크글로벌' 역시 생산성 향상, 매출 증가, 업무의 질 향상과 혁신, 노동력 부족 해소 같은 긍정적 영향이 나타나리라고 내다봤다. 기후 및 환경 운동가들은 직원들의 소비나 이동성, 여가 행동의 변화 때문에 환경적으로도 개선되는 사항이 있을 것이라고 말한다. 이를테면 기업의 에너지 사용량과 교통량이 줄어들어 탄소배출량이 감소할 것이라는 이야기다.

하지만 최근까지 이런 현상에 대한 심층 연구가 일부 해외 연구를 제외하고는 거의 없었다. 주4일제 논의 자체가 근래 제기된 데다 실제 효과를 검증한 실험 사례가 부족해 종합적으로 판단할 만한 근거가 많지 않았기 때문이다. 그나마 코로나19 이후 포데이위크글로벌의 주도로 몇 가지 파일럿 프로그램이 실시되기는 했지만 이마저 연구집단(보스턴칼리지)을 통해 실험 보고서들이 알려지고 있는 정도다.

포데이위크글로벌은 여러 국가에서 수십 개의 기업과 실험을 진행했다. 초기에는 영국, 미국, 호주, 뉴질랜드, 아일랜드가 참여했고 이후에는 브라질, 포르투갈, 독일 등이 합류했다. 대부분 6개월 혹은 1년 기간의 자발적 프로젝트 성격이었으며 참여 기업을 모집하는 방식이었다. 각 국가에서는 프로젝트 결과 보고서를 통해 성과를 확인했다.[19] 2022년 미국, 아일랜드, 캐나다의 33개 기업, 2022년 영국의 61개 기업, 호주와 뉴질랜드의 26개 기업, 2023년 남아프리카와 보츠와나의 28개 기업, 2023년 독일과 포르투갈의 다수 기업에서 이 프로젝트가 추진되었다.

노동시간 단축 5가지 형태 시행 예시

- 모든 직원을 위한 금요일 휴무를 도입한다.
- 시차를 두어 직원들이 번갈아 가며 쉰다.
- 휴무는 분산되어 있으며, 이를 통해 회사 내 부서마다 서로 다른 근무시간 단축 패턴을 채택한다.
- 연간 기준으로 직원은 1주 32시간(또는 새로운 주당 근무시간은 32시간을 초과할 수 있음)을 근무한다.
- 조건부, 곧 주4일 근무에 대한 직원 자격이 지속적인 성과 모니터링과 연계된다.

시간제 노동자 단축 5가지 형태 시행 예시

- 시간제 직원들은 비례적으로 노동시간 단축을 받는다.
- 시간제 직원은 기존 근무시간을 계속 유지하면서 풀타임(주4일 근무) 동료의 새로운 급여율에 맞춰 비례적으로 급여를 인상받는다.

- 시간제 직원은 위 두 옵션 중 하나를 선택할 수 있다.
- 시간제 직원의 연차휴가가 소폭 증가한다.
- 시간제 직원은 파일럿의 제외/선택에서 제외된다.

포데이위크글로벌의 실험은 공통된 방법론을 사용했으며 평가 보고서를 통해 주4일제의 효과들을 확인할 수 있었다. 결과적으로 주4일제 실험에 참여한 기업의 직원들은 정신건강과 수면의 질, 피로, 일과 삶의 균형 같은 다양한 지표에서 뚜렷하게 효과를 보였다. 대표적으로 스트레스 감소(39%)와 번아웃 감소(71%) 등이다. 참여 기업이 자체적으로 사용된 지표들은 경영단체들이 제기하는 우려들도 상당 부분 해소했다. 주4일제 참여 기업의 매출이나 고객 만족도, 직원 유지율 같은 생산성이나 성과가 유지되었거나 개선되었기 때문이다. 추가적인 개선 사항으로는 결원 충원, 신규 인재 채용, 병가 감소 등이었다.

각 국가에서 시행된 실험 보고서는 6개월이라는 실험 기간으로는 이 제도를 장기간 시행했을 때 동일한 결과가 나타나리라고 장담할 수 없다는 초기 비판을 해결하려는 목표도 가지고 있었다. 포데이위크글로벌은 실험에 참여할 의사가

유형1

100-100-100 모델

동일한 업무량, 주당 동일 노동시간, 동일 임금

이 모델은 주40시간 노동시간은 유지하되 근무 일수만 줄인 것으로, 하루 10시간씩 근무한다. 이 모델을 적용했을 때 노동시간법이 정한 휴가 일수에 미치는 변화를 고려해야 한다.

한국, 미국, 일본 지자체
한국의 경우 일부 기업이 채택(포스코 등)

유형2

100-80-100 모델

동일한 업무량, 주당 노동시간 감소, 동일 임금

이 모델은 일일 노동시간은 8시간으로 유지하되 주당 노동시간은 32시간으로 하는 것이다. 시간당 업무 강도는 높아지지만 직원에게 더 많은 자유시간이 제공된다. 자유시간을 통해 노동자가 잘 회복한다면 생산성이 높아져 시간당 더 많은 일을 할 수 있다. 감소 노동시간(80%) 안에 이전과 동일한 성과(100%)를 달성하는 것을 전제로 하는 모델이므로, 동일한 급여(100%)가 제공되는데, 업무량 증가로 인한 스트레스도 증가한다.

포데이위크글로벌의 실험 모델
유럽 일부 국가의 주4일제 실험 유형

있는 기업과 함께 워크숍, 코칭, 멘토링, 동료 지원 등을 펼치며 2개월간 준비 기간을 가졌다. 이후 실제 실험은 6개월 동안 진행되었는데, 생산 수준은 이전 용량의 100%로 유지하되 근무시간은 20% 단축하고 급여는 이전과 똑같이 지급하는 '100-80-100 모델'을 기본 원칙으로 채택했다.

　주4일제 시행으로 근무시간을 20% 단축해야 한다는 공식적인 요건은 없었지만, 직원들에게 '의미 있는' 단축이 이뤄져야 한다는 것이 기본 전제 중 하나였다. 한편, 영국은 정규직 풀타임 노동자들을 대상으로 실험했는데 여기서는 기업들이 시간제 근무를 어떻게 해결했는지에 대한 함의도 제시하

고 있다. 아이슬란드 역시 풀타임 노동자만을 대상으로 실험에 참여했다. 이런 실험 결과는 우리에게도 향후 주4일제를 추진하는 데 있어 참고할 만한 시사점을 준다.

주4일제의 유형과
다양한 실험 모델

주4일제는 주당 표준 노동시간을 줄여 개인의 삶의 질을 높이려는 데 초점을 두고 있다. 앞서 언급했듯 여기에는 다양한 유형의 실험 모델이 존재하는데 어떤 모델은 논쟁적인 주제이기도 하다.

첫째, 근무시간 배열에 따라 다양한 형식을 적용할 수 있다. 2022년 ILO는 노동시간 개편 및 배열과 관련해 근무일별 근무시간, 주별 근무시간, 근무일 중 특정 요일의 근무시간을 조정하는 등 노동시간 배열과 관련해 여러 선택지가 있다고 언급했다. 게다가 주당 평균 노동시간 단축형 주4일제도 있지만 노동시간 유지나 노동시간 연장 형태의 주4일제 운영 방식도 있다. 실제로 지난 몇 년 동안 진행된 주4일제 실험 사례를 살펴보면 이처럼 다양한 유형과 형태가 확인된다. 이를테면, 조직 및 사업장의 영업이 '1일 근무 중단형' '일부 조건형' '탈중앙화형' 등으로 나타난 것이다. '1일 근무 중단형Fifth Day Stoppage'은 금요일이나 월요일을 쉬는 것처럼 특정 요일의 영업을 중단하는 형태다. '탈중앙화형Decentralised'은 조직의 일부 팀이나 부서에서만 주4일제를 운영하는 것이다. '조건형Conditional'과 '시차형Staggered'은 특정 기간이나 요일을 쉬는 날로 지정해 유연하게 근무하는 형태로 운영하는 것이다.

둘째, 주4일제 운영 방식이나 표준 노동시간 단축 여부에 따라 다양한 모델이 가능하다. 여기에는 법정노동시간 단축형과 법정노동시간 유지형 두 가지가 있는데, 곧 노동시간 단축의 장점(7일 중 4일 근무, 3일 휴무, 1일 노동시간 단축)을 취하는 것과 단순히 주4일제의 장점(7일 중 4일 근무, 3일 휴무, 1일 노동시간 유지)을 살리는 형태다. 전자는 '주당 노동시간 단축형 모델'(4day week)로 "7일 중 4일을 근무하고, 하루 8시간 노동"을 지칭한다. 후자는 '주당 노동시간 유지형 모델'(4days a week)로 "벨기에처럼 주4일을 근무하되, 하루 9시간 30분 노동"하는 것을 말한다.

셋째, 노동시간 단축 유형으로 '주4일, 1주 32시간제'와 '주5일, 1주 35시간제'가 있다. 1일 노동강도가 높고 야간 근무가 수반되는 형태의 직업이나 근무에서 대표적으로 논의되는 형태다. 주4일제는 출근일을 하루 단축하는 형태(1일×8시간×4일)이고, 주35시간제는 1일 노동시간을 단축하는 형태(1일×7시간×5일)다. 전자는 일주일에 3일을 쉬면서 출퇴근 시간을 줄이는 형태고, 후자는 1일 노동시간을 단축해 노동강도를 줄이는 데 초점을 두고 있다. 아직 유럽에서는 어떤 유형이 더 좋은지를 놓고 논쟁이 진행되고 있다. 향후 개별 사업장을 떠나 사회적 효과까지 고려하면서 면밀하게 살펴볼 필요가 있다.

최근 몇 년 동안 진행된 국내외 주4일제 실험이나 시범사업을 보면 하나의 형태가 아니라 다양한 유형이 있다는 걸 확인할 수 있다. 전 세계 최초로 주4일제를 법제화한 벨기에는 '주4일 청구권' 형태로 운영되고 있다. 앞으로 한국에서 주4일제(주32시간, 주36시간 등) 법제화가 진행된다면 여러 모델 가운데 어떤 모델을 도입하느냐를 두고 노사정 이해당사자들 사이에 상당한 논쟁이 있을 것으로 예상된다. 노동시간 단축형을 추진하되 과도기 형태의 경과규정(주36시간)을 두고, 최종적으로는 32시간제로 나아갈 수 있도록 다양한 실험과 지원이 있어야 할 것이다. 이 과정에서는 업무량과 생산성, 주당 노동시간과 서비스, 임금 보전과 인력 충원 문제가 핵심 쟁점이 된다.

현재 한국에서는 주4일제, 격주 4일제, 주4.5일제 같은 다양한 형태의 실험이 진행되고 있다. 주4일제는 세브란스병원, 코아드, 휴넷 등이, 주4.5일제는 한겨레, 금성출판사 등이 시행하고 있다. 이들 사례는 업종이나 기업 규모도 다양하지만 시행 배경이나 그 내용도 서로 상이하다. 노동시간 단축형도 있고, 노동시간 유지형도 있다. 카카오나 에듀윌처럼 복지 차원에서 주4일제를 시행했다가 경영 환경의 변화로 다시 주5일제로 회귀한 사례도 있다.

주4일제는 산업·업종, 직종·직군, 전일제·교대제, 공공·민간, 직무 성격·과업에 따라 선호도 차이가 있다. 교대제처럼 신규 인력을 충원하거나 배치하는 데 어려움을 겪기도 하고, 노동강도 및 업무량 변화와도 밀접하게 연결되어 있기에 무엇이 적합하다고 말할 수 없는 문제다. 결혼 여부나 자녀 유무, 성별, 연령대, 출퇴근 거리 같은 개별적 요인들에 따라서도 주4일제에 대한 선호도 차이가 발생한다.

3장

세계 각국의 주4일제 실험들

주4일제 실험의
구체적인 유형들

주4일제 실험이나 이와 관련된 다양한 논의가 진행되고 있는데도 이 정책에 대해 의구심을 갖는 이들이 적지 않다. 그 의구심을 자세히 들여다보면 주4일제 논의의 세부 내용들이 심도 있게 검토되지 못한 것 같아 아쉬움이 있다. 여기서는 그동안 여러 국가, 산업, 개별 사업장에서 추진된 주4일제 실험의 추진 배경이나 내용, 목표 그리고 성과를 간략하게 살펴보고자 한다. 이는 주4일제 시범사업이나 정책이 논의되는

유형	유형1	유형2
국가	프랑스 주35시간제	벨기에 주4일 선택제
법제도	법정노동시간 단축	법정노동시간 유지
대상	전 사업장	노동자 선택
주요 내용	1995년 오브리법 시행(1998년 6월 13일)으로 35시간제로 노동시간 단축. 20인 이상은 2000년부터, 20인 미만은 2002년부터 사업장 규모에 따라 연차적으로 시행. 노동시간 단축 및 고용 창출 시 정부 재정 지원. 노사 간 협상 조인 조건(단체협상 촉진 목표) 부여. 최저임금 수준 노동자의 경우 5년간 일시적 지원.	코로나19 이후 2022년 9월 주4일제 시행 발표(2022년 11월 법률 개정). 20인 이상 사업장에서 시행. 현행 1주 38시간 근무 형태 유지(4일 중 1일 최대 9.5시간 근로). 개별 노동자는 3~6개월 동안 주4일을 근무하고 1일의 쉬는 요일 선택.

과정에서 많은 참고가 될 것이다. 주로 포데이위크글로벌의 실험과 같은 비영리 민간단체가 기업 단위로 실험한 결과들이다.

그동안 주4일제 실험은 특정 민간기업이 참여한 가운데 개인 단위로 추진된 사례가 많았다. 물론 아이슬란드나 스페인처럼 국가나 지역, 지방정부 차원에서 추진된 실험도 있긴 하다. 지방정부의 경우 국가별로 차이가 있지만 한국처럼 광

유형	유형3	유형4
국가	아이슬란드 주4일제	스페인 주4일제
법제도	노동시간 단축 실험	노동시간 단축 실험
대상	취업자 1% 실험(4년)	중소기업 실험(3년)
주요 내용	4년 동안(2014~2019년) 취업자 1%를 대상(2500명 이상 참여)으로 주4일제 실험. 파트타임을 제외한 풀타임 노동자 대상(주로 공공부문). 연차별 주4일제 실험 대상 확대(노사 합의 형태로 추진 병행). 정부 연간 392억 원 투입. 노동시간 단축을 위한 작업장 설계 및 노사 논의.	진보정당 마스파이스 주4일제 도입 촉구(2020년, 주32시간제). 2021년 정부 수용에 따라 파일럿 실행. 3년간 중소기업 대상(200개 업체 가운데 신청 참여)으로 32시간 근무제 시행(희망자 급여 10~20% 삭감). 리스크를 최소화하기 위해 총 사업비 5000만 유로 책정(중소기업 장려금 약 676억 원: 1년차 100% 지원→2년차 50% 지원→3년차 33% 지원). 10인 이하 사업장 추가 고용보조금 지급 사용자 대상 '1주 37.5시간제 교육'(중소기업 375프로그램) 시행.

역과 기초 단위 성격으로 본다면 여러 사례를 확인할 수 있다. 그중에서 스페인 발렌시아와 프랑스 리옹, 영국 사우스케임브리지셔 디스트릭트 등 세 곳의 실험은 유의미한 시사점을 준다.

우선, 유럽 주요 국가들의 주4일제는 법정노동시간을 단축하느냐, 유지하느냐에 따라 크게 두 가지로 구분된다. 전자는 프랑스처럼 주당 법정노동시간을 단축하고 출근하는 날을 노사 협의를 통해 선택하게 하는 형태다. 후자는 벨기에처럼 법정노동시간을 유지하되 출근하는 날을 노동자 개인이 자율적으로 선택하는 형태다. 아이슬란드와 스페인의 실험도 있는데, 이들 국가는 법정노동시간을 단축하는 게 아니라 특정 부문(중소기업)이나 사업장(풀타임 노동자 대상)에서 노사나 개인의 선택을 통해 주4일제를 시행하는 방식이었다. 이 사례는 법률 개정을 통해서가 아니라 일정 기간(아이슬란드 4년, 스페인 3년) 동안 시범사업 형태로 프로젝트를 진행하되 국가가 임금 등을 지원하는 방식으로 운영되었다.

아이슬란드의 주4일제 실험°

아이슬란드의 주4일제 실험은 자국이 일본과 같은 노동 집약적 국가라는 상황 인식이 그 배경이 되었다. 여기에 일과 삶의 균형을 유지하기 위한 핵심 요소인 여가나 개인 관리

° 아이슬란드는 노동시간 단축 실험 당시 질적 연구는 일과 삶의 변화, 가정과 가족 관련 스트레스에 주는 영향, 단축근무 전환으로 일터에 생긴 변화 등을 살펴보기 위해 그룹 인터뷰를 진행했고, 양적 연구는 삶의 질, 스트레스, 직장 내 만족도, 병가 일수, 업무량 등의 변화를 살펴보기 위해 단축 근무 노동자와 대조군의 성과 및 서비스 제공 데이터를 비교했다.

부분이 북유럽 국가 가운데 가장 열악한 것도 이유가 되었다. 아이슬란드는 스칸디나비아 국가 중 상대적으로 노동시간이 긴 편이라 주4일제 실험에 호응이 높았다. 2018년 정규직 노동자의 주당 평균 노동시간은 44.4시간이었는데, 이에 비해 연간 노동시간이 짧은 것은 유급휴가가 많았기 때문이다. 결국 일과 삶의 불균형을 해결하기 위한 방향으로 공감대가 형성된 것이다.°[20]

아이슬란드는 주4일제 실험 이후 노동시간을 단축했는데, 이는 유럽을 비롯한 여러 국가의 이목을 집중시켰다. 이 실험은 아이슬란드 수도 레이캬비크 시의회와 중앙정부의 주도로 2015년부터 2019년까지 4년간 진행되었다. BBC 등 해외 언론은 이를 두고 "엄청난Overwhelming 성공을 거두었다"라고 평가했다. 실험에는 아이슬란드 전체 노동인구(경제활동인구)의 1.3%에 해당하는 2500명 이상의 노동자가 참여했

° 아이슬란드의 주4일제 실험(2014~2019년) 후속 모니터링(2021~2022년) 결과 보고서에 따르면, 주4일제 실험 이후 노동자들은 '노동시간 단축'(59% 감소 의견), '노동시간 만족도'(62%), '일과 삶의 균형 개선 및 유지'(개선 42%), '스트레스 감소에 도움'(42%) 같은 긍정적 반응을 지속적으로 나타냈다. 이는 노동시간 단축의 단기적 효과만이 아니라 중장기적 효과까지 확인할 수 있는 자료 중 하나다.[21]

다. 유치원 교사, 일반 회사원, 사회복지사, 병원 종사자 등 약 100여 개 직군이었다.

　다수의 실험 참가자는 근무시간이 기존 주40시간에서 주 35시간 또는 주36시간으로 줄어들었다. 노동시간이 단축되자 스트레스로 인한 '번아웃 증후군' 같은 신체적·정신적 고통이 상당 부분 사라졌고, 일과 삶의 불균형이 어느 정도 개선되었다. 실험 참가자들은 남는 시간을 가족과 함께 보내거나, 취미활동을 하거나, 가사노동을 하는 데 사용한 것으로 조사되었다. 기혼 남성의 경우 가사노동만이 아니라 육아 참여도까지 높아졌다. 아울러 참가자 대부분의 업무 효율이 좋아졌다. 주4일제 실험 기간 동안 노동생산성은 연간 1.7%에서 3.8%로 치솟았다.

　일주일에 근무시간을 1~4시간 줄였습니다. 사무직, 관리직, 학교나 유치원 교사 등 다양한 직업군이 참여했는데요. 근본적으로 오래전부터 근무시간을 축소해야 한다는 공감대가 형성되었습니다. 다양한 이유가 있지만 핵심은 일과 삶이 균형을 이루지 못했기 때문입니다(2021년 11월, 아이슬란드 '지속 가능성 민주주의협회ALDA'의 구드문드르 해럴슨 연구원).

아이슬란드의 실험은 수도인 레이캬비크에서 먼저 진행된 뒤(2014~2019년) 중앙정부에서도 4년간(2017~2021년) 동일한 방식으로 시행했다. 실험은 초기와 후기로 나뉘는데, 연차별로 참여 기업이 추가되었다. 초기의 핵심 목표는 "근무시간 단축이 사업장과 직원 모두에게 이익이 되는가?"였고, 후기의 핵심 목표는 "노동자 대부분이 불규칙적으로 노동하는 곳에서도 노동시간 단축 효과가 나타나는가?"였다. 정부와 노사 관계자 그리고 연구집단은 실험 목표를 평가하기 위해 실험군과 대조군을 설정했다.

실험 결과를 토대로 아이슬란드 노동조합은 기업과 근무 방식을 다시 논의했고, 아이슬란드 노동 인력의 86%가 기존과 동일한 임금을 받으면서 더 적은 시간 일할 수 있는 권리를 확보했다. 2021년에는 공공부문의 불규칙 교대 노동자의 노동시간이 주40시간에서 주36시간(일부 32시간)으로 줄어든 결과가 확인되기도 했다. 2021년 6월 기준으로 아이슬란드의 노동인구 19만 7000명 가운데 17만 200명, 곧 전체 노동인구의 약 86%가 단축 근무를 시행하고 있거나 시행할 수 있는 체계를 갖게 되었다.

한편, 아이슬란드 정부는 주4일제 실험 동안 약 392억 원의 예산을 투입했다. 특히 노동조합과 노동시간 단축 협약을 체결했는데, 이는 공공부문과 민간부문에서 순차적으로 추진되었다. 아이슬란드는 실험 과정에서 노동자와 관리자가 참여해 새로운 업무 패턴과 노동시간을 설계하는 위원회를 구성했다. 그리고 이 위원회의 제안은 실험이 시작되었을 때 의사결정 과정에서 활용되었다. 물론 때때로 외부에서 결정한 방안이 활용되기도 했다.

아이슬란드 주4일제 노동시간 단축 과정의 근무 패턴

- 돌봄센터 등은 교대 근무 패턴 변화에 초점을 맞춰 운영되었다. 교대 근무가 끝날 즈음 서비스에 대한 수요가 적다면 노동자는 일찍 퇴근한다. 마찬가지로 교대 근무가 나중에 시작되는 것도 가능하다.
- 어린이집 직원들은 아이들이 순차적으로 하원하기 때문

° ASI(The Icelandic Confederation of Labour)는 아이슬란드 민간부문의 최대 노동조합 연맹으로, 일반 사무직, 판매원, 어부, 건설업, 제조업 등 다양한 직업군의 46개 노동조합이 가입해 있다. 조직된 노동조합의 3분의 2가 ASI 소속으로, 아이슬란드에서 가장 큰 두 개의 노동조합(VR 약 4만 명, Efling-stettarfelag 약 3만 명)도 여기에 포함되었다. ASI의 전체 조합원은 약 13만 3000명이며 이 가운데 12만 명이 노동시장 취업자다.

에 낮시간에 (교대로) 비슷하게 일찍 퇴근한다.

- 정규 영업시간이 있는 사무실이 일찍 문을 닫는 경우도 있다. 서비스에 대한 수요가 낮은 금요일에 대체로 일찍 문을 닫았다. 종종 직원들에게는 자신에게 더 맞는 요일에 일찍 퇴근할 수 있는 선택권이 주어졌다.

- 경찰서는 격주로 수사관의 노동시간을 단축해 월~목요일에는 한 시간씩 일찍(08:00~15:00) 퇴근하도록 했고, 금요일에는 4시간 일찍 퇴근하도록(08:00~12:00) 했다. 그다음 주에는 근무시간을 연장했다(08:00~16:00). 이렇게 하면 격주로 8시간씩 단축된다. 24시간 운영되는 업체의 직원들은 다른 패턴을 적용했다.

유럽 지방정부의
주4일제 실험

스페인 발렌시아[22]

스페인은 코로나19 시기에 노동시간 단축 논의가 공론화되었지만 경제 문제와 비용 논리 등이 장애물이 되었다. 다만 최근 몇 년 사이 기후위기 대응의 일환으로 노동시간을 단축해야 할 필요성이 제기되면서 사회 분위기가 이전과는 달라졌다. 이를테면, 발렌시아는 매일 189만 5022건의 차량이 드나드는 도시다. 그중 약 17%는 도시 외부에서 유입되고, 83%는 도시 내부에서 움직이는 차량이다. 매일 15만 대의 외지 차량이 발렌시아 시내로 들어오는데 그 가운데 자가용 비율은 31.9%였다. 1일 교통 이용객의 51%가 대중교통이 아닌 개인 자가용을 이용했다. 자가용을 이용하는 데는 업무와 관련된 게 69%였고, 학업 관련이 31%나 되어 도시의 '탄소배출'과 '소음' 문제가 상당했다.

이에 더해 스페인 노동자들의 노동조건 문제도 노동시간을 단축해야 할 핵심 요인으로 작용했다. 직장생활 불만족도를 줄이고 업무로 인한 질병 문제를 해소해야 했다.° 2022년 4월에만 스페인 노동자 5467명이 퇴사했는데, 2001년 사회보험에서 이직 조사를 시작한 이후 가장 높은 수치였다. 직장

° 스페인은 2022년 119만 6425건의 산업재해가 발생했는데, 63만 1724건은 병가로 이어졌고, 이 가운데 4714건은 심각한 사고였다. 이는 2021년 대비 10.4%가 증가한 상황(근무일 기준 10.9%)이며, 작업 중 사망은 17.2% 증가했다. 유형별로 보면 근무 중 18.1%, 출퇴근 중 13.1%가 증가다. 발렌시아 중대 재해의 29.9%는 노동자가 가장 피곤한 근무시간(5~7시)에 발생했다.

생활 불만족도는 24.4%였다. 이는 EU 평균인 13.8%보다 높은 것이었으며 이에 따른 직장인의 번아웃도 적지 않았다. 10명 가운데 9명은 스트레스를 자주·지속적으로 느낀다고 응답했다. 게다가 직장인의 65%는 일과 삶의 균형이 조화를 이루지 못했다고 답했는데, 특히 여성에게 더 큰 문제였다.

이런 상황에서 발렌시아 의회는 2023년 4월부터 5월까지 한 달 동안 도시 전체 임금 노동자를 대상으로 주4일제 시범사업을 실행했다.° 엄밀하게 이야기하면 노동시간 단축 프로그램은 아니었다. 이 실험의 주요 목표는 시민의 행동 패턴, 건강과 복지, 기후 같은 부분에서 중기적으로 변화 요인을 확인하는 데 있었다. 이를 위해 발렌시아의 이해 당사자들과 협의를 통해 시범 프로젝트를 시행한 것이다. 참여 주체는 경영단체와 상공회의소, 노동조합(UGT, CCOO), 유통사업자단체(Asucova)였다. 약 80만 명이 거주하는 도시에서 약 36만 명이 노동자였기에 4주 연속 주4일만 근무하자 그 효과는 즉각 나타났다.

°4월의 월요일 이틀과 5월의 첫 월요일이 공휴일이라는 점을 활용해 추가로 월요일을 하루 지정함으로써 4주 연속 월요일을 쉬는 주4일제 실험을 했다. 곧 4월 10일부터 5월 7일까지 약 한 달간 매주 월요일을 쉬게 되는 주4일제 실험이 이뤄진 것이다.

발렌시아의 주4일제 실험은 신체, 문화, 생활, 사회관계, 건강 등 다섯 영역에서 모두 긍정적이었다. 먼저 신체활동이나 문화생활의 변화가 두드러졌다. 주4일제 근무자의 21.5%는 걷기, 사적 모임, 스포츠 같은 활동에 참여했다. 문화생활 부분에서는 독서(46.1%), 공부(41.9%), 오프라인 영화 관람(27.7%), 온라인 영화 관람(66.6%), 여행 및 관광(40.3%), 음악·사진·그림 등 창작활동(30.5%) 등에 쓰는 시간이 많아졌다. 특히 48.1%(여성 53.3%, 남성 30.5%)는 공원이나 정원 등 지역 방문에 더 많은 시간을 할애했다.

사회적 관계를 맺는 이들도 늘었다. 참여자의 72.5%는 친구들과 더 많은 활동을 했고, 57.4%는 펍 등에서 지인과 즐거운 시간을 보냈다. 또 44.4%가 아이 돌봄에 시간을 썼는데(남성 36.6%, 여성 51%), 이는 주5일제 당시의 27%보다 많은 수치다. 또 주4일제 근무자는 57%가 여가시간을 활용했지만 주5일제 근무자는 32.4%만 활용하는 데 그쳤다. 주4일제 근무자는 이전과 비교해 건강이 개선되었고(17.5%), 스트레스가 감소했으며(34.9%), 평소보다 수면 시간이 길어졌다(64%)

프랑스 리옹[23]

인구 140만 명의 프랑스 리옹 메트로폴은 2023년 9월부

터 노동시간을 줄이거나 임금 삭감 없는 주4일제 또는 주4.5
일제 시범사업을 진행했다. 과도한 1일 업무시간으로 인한
심리적·육체적 부담감은 주4일제 전환의 주된 걸림돌이기
때문에 리옹은 신중하게 접근했다. 다만, 수요자인 노동자 입
장에서는 젊은 층의 선호도가 높았고, 행정당국 입장에서는
신규 노동자를 채용할 때 더 많은 지원자를 확보할 수 있다
는 이점을 누릴 수 있었다. 리옹 메트로폴의 전체 직원은 약
9600명인데, 처음에는 300명을 대상으로 주4.5일제 실험부
터 시작했다.

리옹 메트로폴의 주4.5일제 실험이 가능했던 것은 생태
사회주의 진보정당이 집권해 노동시간 단축과 일과 삶의 균
형, 성평등 정책을 추진했기 때문이다.[*] 리옹은 2023년 주4.5
일제 시범사업 시행 6개월 뒤 평가작업을 진행했다. 실험 참
가자와 관리자, 동료 직원 등 1100명을 대상으로 한 평가에
서는 긍정적인 응답이 높게 나타났다. 노동자들의 반응에 따
라 리옹 메트로폴 의회는 2024년 6월 마지막 회기에서 주4일

[*] 리옹 시장과 광역의회 의장은 모두 생태주의당(Les Ecologistes)
당원이며, 의회 다수당 역시 같은 정당(시장과 의원의 임기는 6년)
이다. 의회 전체의 의석수는 150석이며 생태주의당이 차지하고
있는 의석수는 58석이다(다수당). 그러나 사회당 및 여타 녹색당
과의 연합으로 84석을 차지해 의회 과반을 점유하고 있다.

제 확대 적용을 의결했다.

이에 따라 2024년 9월부터는 기존 실험 참가자가, 2025년 1월부터는 몇몇 서비스 직군을 제외한 약 5500명의 직원이 주4일제 또는 주4.5일제로 전환할 수 있었다. 리옹 메트로폴의 주4일제는 개별 노동자가 출근 요일을 줄일 것인지, 노동시간을 줄일 것인지 선택할 수 있는 형태로 운영되었다. 근무 일수를 단축하기 원하는 참가자는 다음 방식 중 하나를 선택할 수 있는데, 이 방식에서는 다음 두 가지 사실에 주목할 필요가 있다.

우선 리옹의 일주일 근무시간은 36시간에서 37시간으로 1시간 증가했다. 이는 프랑스 법정근무시간인 주35시간보다 많다. 여기에 유급휴가 일수는 25일에서 24일로 축소되었다. 여기서 '축소'라는 표현은 근무 일수 그리고 유급휴가 일수의 변화와 맞물려 시간제 파트타임 노동자들이 풀타임 전일제로 전환되면서 나타나는 현상 때문이기도 했다. 근무 일수를 주 단위로 살펴보면 유급휴가 일수는 5주(5일×5주=25일)에서 6주(4일×6주=24일)로 오히려 증가한다. 주1일 혹은 반나절의 휴무를 위해 시간제 근무를 선택한 직원은 하루 근무시간을 늘림으로써 전일제 근무로 전환할 수 있다.

리옹 메트로폴의 주4일제 선택지

주4일	36시간 근무 (연 24일 유급휴가/휴가보상금 보장)
주4.5일	37시간 15분 근무 (연 34일 유급휴가/휴가보상금 보장)
격주4일	33시간(4일), 41시간 15분(5일) 근무 (연 33.5일 유급휴가/휴가보상금 보장)

사실 리옹 메트로폴의 주4일제 정책의 목표는 성평등한 일터를 조성하고 노동자들이 일과 삶의 균형을 이룰 수 있도록 하는 데 초점을 두고 있었다. 따라서 주4일 28시간 시간제 근무를 했던 여성 직원이 주4일 36시간 전일제로 근무시간을 조정할 수 있게 되었다. 리옹 메트로폴 시간제 근무자의 90%

° 프랑스의 법정유급휴가(연차)는 연 25일(5주)이다. 월 2.5일씩 축적되어 원래는 연 30일이지만 여기에는 토요일이 포함되어 있으므로 노동 가능일을 기준으로 보면 25일(5주)이다. 주4일제에서의 유급휴가 24일은 주5일제 아래에서의 유급휴가 24일과 동일한 가치를 갖지 않는다. 예를 들어, 일주일 휴가를 떠나기 위해서 주5일제 근무자는 유급휴가 5일을 써야 하지만 주4일 근무자는 4일만 사용해도 된다.

는 여성인데, 이로써 전일제 근무자와 동일하게 보수와 정년 연금 혜택을 누릴 수 있게 되었다. 비자발적 여성 시간제 근무자를 전일제로 전환함으로써 가사나 육아로 인한 직업활동의 차별 요소를 해소하는 것도 주4일제 정책의 핵심 방향이었다.°

영국 사우스케임브리지셔 디스트릭트[24]

영국 남동부의 사우스케임브리지셔 디스트릭트는 비도시 자치구로 인구 15만 명의 소도시다. 이곳에서도 2023년부터 2024년까지 일 년 동안 주4일제 실험이 진행되었다. 추진 배경은 코로나19 이후 주민과 기업을 위한 서비스 전반의 표준 유지와 일하는 방식의 변화 필요성이 제기되어서다. 당시 노동자의 지속적인 채용과 고용 유지, 건강 및 복지 문제와 함께 점점 더 어려워지는 사회적 환경 속에서 시민들에게 고품질의 서비스를 제공하는 게 쉽지 않은 상황에 있었다. 이에

°프랑스에서 직장 내 성차별과 격차 해소는 산업별 및 기업 내 단체교섭의 핵심 의제다. 이와 같은 차별이 여전히 존재하기에 사회적 갈등을 일으키고 있는 것이다. 일과 삶의 균형이라는 목표는 시각에 따라 여러 해석이 가능하다. 하루 7시간 근무가 8시간에서 9시간까지 증가할 때 장년층이나 자녀가 있는 직원이 느끼는 업무 부담이 작지 않기 때문이다.

따라 약 15개월간 진행된 실험에는 지방자치단체 산하의 공공부문 직원 약 697명이 참여했다. 공공 폐기물이나 생활 폐기물 수거를 담당하는 업무 종사자들이 다수였다.

이 지역의 주4일제 실험은 영국의 공공부문 실험에서 가장 큰 규모였다. 실험 참가자는 80%로 줄어든 근무시간 내에 업무를 100% 완료해야 했고 임금 삭감은 없었다. 주4일제 실험 초기부터 공공시설의 모든 서비스는 이전과 동일하게 고객센터를 포함해 주5일 내내 운영되었다. 직원들만 5일 중 4일만 근무하는 형태였다. 주4일제 실험 과정에서는 노동자들이 동료와 정기적으로 피드백을 주고받고, 새로운 아이디어나 우려 사항을 공유하면서 해결책을 고민할 수 있게 했다. 기후위기에 대응하기 위한 출퇴근 문제도 진행 과정에서 함께 살펴보았다.

주4일제 실험은 매우 성공적이었다. '동기 부여' '정신건강' '직무에 대한 헌신'을 비롯한 24개 항목을 평가했는데, 22개 항목에서 유지 또는 개선이 이뤄진 것으로 확인되었다. 특히 기피 업무에 신규 인력 지원자 수가 크게 증가했다. 지원자 중 76%는 주4일 근무가 지원 동기였다고 응답했다. 또 주4일제 실행으로 퇴사율이 39% 감소했으며, 정신건강이 개선되고 동기 부여가 되면서 '시민 불만 접수 건수'가 감소하는

등 다양한 효과가 확인되었다. 아울러 신규 직원 채용 비용과 관리 비용 등의 재정이 약 37만 파운드 줄어드는 효과가 나타나기도 했다.°

일 년 동안 주4일제를 실험한 결과 폐기물 서비스 업무에 종사하는 직원들은 주32시간 근무가 필요하다는 쪽으로 의견이 모아졌다. 이에 따라 2024년 3월부터 모든 직원이 주4일제 근무 형태로 전환하는 데 합의한 상태다. 다만 파트타임으로 근무하는 직원은 근로계약 시간을 86.5%로 비례 조정해 실행하고 있다. 기존 영국의 몇몇 주4일제 시행 기업은 압축 노동 때문에 노동강도나 업무량이 배가된다는 비판을 받았다. 그러나 사우스케임브리지셔 디스트릭트는 노동시간을 주32시간으로 조정해 운영함으로써 주4일제의 좋은 모델로 평가받고 있다.

° 영국의 신규 직원 채용 비용은 일반 관리직의 경우 약 3000파운드, 관리자 및 기술 전문가의 경우 약 1만 9000파운드까지 소요된다. 사우스케임브리지셔 디스트릭트에서 주4일제를 시행하기 직전 연도(2022년 12월까지)의 채용 광고 비용은 4만 1500파운드였고, 2023년 12월로 끝나는 회계연도의 비용은 1만 500파운드였다. 이 가운데 계획, 광고, 채용 대행과 교육 서비스와 관련된 금액은 각각 3만 8500파운드와 9000파운드였는데, 주4일제 시행으로 약 37만 파운드의 순수 예산이 절약되었다.

미국 지방정부 공공부문의
주4일제 실험[25]

　미국에서는 IT업계 및 병원, 비영리 기업 등 다양한 부문이 주4일제 실험에 참여해 그 성과가 보고되고 있다. 다만 공공부문의 주4일제 도입은 연방정부와 주정부 차원에서 입법 논의가 진행되는 과정에 있다. 하지만 미국은 기초자치단체(카운티와 시티, 타운, 빌리지 등) 수준에서 다양한 시범 사례가 존재한다. 대부분은 코로나19를 거치면서 주4일제를 시범 도입한 곳들이다. 일부 기초자치단체에서는 민간에서 주4일제를 도입할 경우 이를 지원하는 법안을 발의하기도 했다.

　2020년 워싱턴 주를 시작으로 모두 여섯 주에서 주4일제를 기본으로 하는 주32시간제 법안이 발의되었다. 이 외의 주에서도 의회에서 발의, 부결, 폐기, 재발의 등이 이뤄지며 주4일제 도입 논의가 계속되고 있는 상황이다. 노동시간 단축과 주4일제 도입을 병행해 추진하는 기초자치단체는 10여 곳에 이른다. 노동시간 단축 없는 주4일제 도입을 주장하는 기초자치단체도 확대되는 추세다. 코네티컷, 캘리포니아, 뉴저지, 유타, 미주리, 웨스트버지니아 주에 속해 있는 기초자치단체 15여 곳 이상이 그 대상이다.

워싱턴 주 산후안[26]

미국 워싱턴 주 산후안 카운티는 노동시간 단축형 주4일제를 공공부문에서 시행하는 곳이다. 코로나19 이후 재정 여건이 악화되면서 노사는 단체협상에서 임금 인상 대신 주4일제를 도입하기로 협의했다.° 노사는 2022년 7월부터 주4일 근무제(주32시간) 도입을 논의했고, 2023년 8월 최종 합의했다. 노사가 체결한 단체협약에 따라 산후안 카운티는 2023년 10월부터 2년간 주4일제를 시행하기로 했고, 6개월, 1년, 2년 주기로 평가 보고서를 작성하고 있다. 주4일제 도입은 카운티 소속 공무원 160여 명 전체에 적용하고 있다.

산후안 카운티는 주4일제를 위해 신규 채용을 진행했고, 1인당 업무량을 조정하고 인력을 새롭게 배치했으며, 공공서비스를 효율화하는 등 다양한 방식을 활용했다. 특히 부서별 업무와 인력을 분석하고 대민 서비스 효과 등을 검토한 뒤 인

° 미국 기초자치단체의 공무원노동조합(American Federation of State, County and Municipal Employees) 소속 산후안 카운티 지부는 코로나 팬데믹 기간을 거치면서 임금과 복리후생의 정체, 휴직과 인플레이션으로 인한 실질 임금 감소에 따라 단체협약 과정에서 임금 인상을 요구했다. 하지만 산후안 카운티는 세수 부족과 기반시설 유지 비용의 증대로 예산이 부족한 상황에 직면해 있었기에 임금 인상 대신 노동시간 단축을 제안했다.

력을 적절히 배치했는데, 이에 따라 조직 운영을 주4일 운영 부서(월~목), 주5일 유지부서1(월~금), 주5일 유지부서2(월~금: 운영시간 감소) 등 세 개로 구분했다. 다만 지역 경찰이나 보건 업무 종사자는 기존 운영 방식을 유지하기로 했다. 행정 업무는 주4일 운영을 원칙으로 하되 예외적으로 금요일 예약 제를 도입했다.

주32시간의 주4일제 도입으로 직원들의 총 노동시간은 평균 8% 감소했다. 개인별로는 연간 416시간의 노동시간이 감소해 충분한 여가시간을 확보할 수 있었다.° 또 주4일제 도입으로 직원의 병가 사용이 31%나 감소했다. 이곳은 의료시설이 적은 섬 지역이어서 직원들이 병원 방문을 위해 병가를 사용하는 경우가 많았다. 그런데 주4일제 시행으로 직원의 70%가 쉬는 날을 이용해 병원을 방문한 것이다.

주4일제 도입 이후인 2024년 1분기에는 신규 채용 지원자 수가 대폭 증가했다. 주4일제 도입 이후 채용된 직원의

° 주4일제로 확보한 시간의 활용은 '가족과 보내는 시간'(76%), '취미와 관심 분야에 시간 활용'(71%) 순으로 나타나 노동자의 정신 건강에 도움이 되었다. 한편, 직원의 73%는 주4일제로 여가시간이 늘어 더욱 활력적인 삶을 보냈고, 78%는 주4일제가 자신의 건강에 긍정적인 영향을 끼친 것 같다고 답했다.

78%는 주4일제 도입이 지원에 영향을 미쳤다고 응답했다. 또 기존 카운티 공무원의 결원율은 상시 10~15%였는데 이 또한 대폭 줄어들었다. 2023년 1분기 대비 2024년 1분기 퇴사율은 46% 감소했는데, 주4일제 도입이 퇴사하지 않고 계속 근무하고 싶은 이유라고 응답한 비율이 무려 88%(매우 긍정 67%+다소 긍정 21%)에 달했다.

콜로라도 주 골든시 경찰[27]

미국 콜로라도 주 골든시 경찰서는 2023년 주4일제를 시범 도입했다. 골든시는 우선 시범사업의 효과를 검증한 다음 지속할지 또는 확대할지 여부를 결정하기로 했다. 경찰은 업무 특성상 비상사태와 자연재해에 대응해야 해서 24시간 교대제로 운영되고 있었다. 주4일제 시범 운영은 72명(경찰 54명, 행정 직원 18명)의 공무원을 대상으로 진행되었다. 노동시간은 주32시간으로 단축하면서 임금은 기존과 동일하게 유지하는 형태였다.

6개월간의 시범사업 결과 평균 93.6%가 만족감을 표했고, 퇴직자는 이전에 비해 감소(기존 9명→5명)했다. 그뿐 아니라 주32시간제 운영으로 10년 만에 처음으로 인력이 완전히 충원되는 효과도 거뒀다.[28] 경찰의 대민 서비스 반응 속도가 유의미하게 빨라지기도 했다.° 더불어 순찰을 통한 직접적인 문제 해결 건수는 늘었다. 경찰관이 스스로 사전 조치한 건수는 3.5배 이상 증가(2022년 951건→2023년 3355건)했고, 순찰을 통해 신고한 사례 발견 건수는 2.5배 이상 증가(2022년 2447건→2023년 6155건)했다.

골든시 경찰서는 주32시간제 도입으로 초과근무시간 감소와 예산 감축 효과도 보았다. 6개월간 초과근무시간은 489.2시간 감소(2022년 2316시간→2023년 1827시간)했다. 이는 월평균 304.5시간 정도 초과근무가 감소한 것인데, 6개월 누적 기준으로 약 79.3%의 예산 감소 효과(2022년 14만 5491달러→2023년 3만 159달러)가 확인되었다.

경찰은 24시간 운영되어야 하기에 주32시간으로 근무시간을 단축하며 생긴 부족한 근무시간은 중복 업무를 조정하거나 불필요한 회의를 없애는 것으로 해결했고, 경찰서 대기시간을 줄이거나 대민 서비스의 질을 낮추지 않기 위해 직무 컨설팅을 받기도 했다.[29] 근무 방식도 1일 10시간 4교대 근무

° 골든시 경찰서의 2023년 7월부터 12월까지 신고 건수는 1만 5362건으로 2022년의 1만 6077건에 비해 소폭 감소했다. 출동 요청 건수는 예측할 수 없는 변수지만 월별로 편차가 있는 상황에서 주32시간제 도입 이후 연속적으로 신고에 대응하는 속도가 빨라진 것은 유의미한 지표다.

형태(4회 교대 근무 후 1일 휴무)에서 1일 8시간 4교대 근무(4회 교대 근무 후 1일 휴무) 방식으로 변경했다. 경찰관의 신규 충원 없이 노동시간 단축을 시도한 것이다.

한편, 골든시는 시범사업이 끝난 뒤에도 경찰서의 주4일 제 근무를 계속 유지하기로 했다. 아울러 2025년 5월 골든시 는 다른 부서까지 이를 확대 적용하겠다고 발표했다. 골든시 는 노동시간 단축을 통해 노동자에게 만족감을 주었을 뿐 아 니라 고질적인 인력 채용의 어려움을 해결했고 예산마저 절 감했다. 골든시의 주4일제 시행 이후 경찰의 서비스 질은 높 아졌고, 경찰 스스로 문제를 주도적으로 사전에 해결했기에 지역 사회의 반응까지 좋아졌다.

4장

해외 민간부문의 주4일제 실험들

포르투갈과 독일의
주4일제 프로젝트

포르투갈 민간 부문[30]

포르투갈의 주4일제 실험은 정부 부처 중 한 곳인 '노동 연대사회보장부'의 제안으로 시작되었다. 실험은 주4일제가 노동자와 기업 모두에게 혜택을 주고 기업의 경쟁력을 강화시킬 수 있다는 생각에서 시작되었다. 주4일제의 세 가지 기본 원칙은 급여 삭감이 수반되지 않아야 한다는 것, 근무시간이 감소해야 한다는 것, 기업의 자발적인 참여가 전제되어야 한다는 것이었다. 포르투갈은 2023년 6월부터 11월까지 6개월 동안 이 프로젝트를 진행했다.

프로젝트에는 41개 기업이 참여해 다양한 형태의 주4일제를 실험했고, 1000명 이상의 노동자가 참여했다.° 대부분 리스본과 포르투에 위치한 교육, 의료, 산업, 컨설팅 분야의 소기업이었는데, 평가는 기업과 노동자가 각각 진행했다. 기업 차원의 평가는 생산성, 비용, 수익 측면을 고려했고, 노동자 차원의 평가는 복지, 삶의 질, 신체와 정신적 건강 측면을 주로 살폈다. 노동자 평가는 시행 전후 세 차례의 설문조사를 바탕으로 진행되었다.

주4일제 참여 기업은 다양한 업무 형태를 채택해 주당 근무시간을 효과적으로 단축했다. 기업 대부분은 주40시간 근

° 주4일제 참여 직업군의 다수는 사무직이었지만 제조, 상업, 건설, 교육, 건강, 사회 지원과 관련한 기업도 포함되었다. 절반 이상의 기업이 직원 수 20명 미만이었고, 300명 이상 대기업은 13곳이었다. 그중 11곳은 직원 수가 1000명이 넘었다. 기업들에 주4일제에 관심을 보이는 이유에 대해 질문하자 대다수가 인적자원에 대한 우려, 특히 노동자들의 스트레스 수준을 낮추기 위해서라고 답했다. 기업이 노동자의 정신건강에 관심을 갖는 것은 구직 시장에서 기업의 매력도를 높이려는 실용적인 목표에서다. 아울러 주4일제가 서비스 품질 향상, 창의성 증진, 기업 내 혁신 촉진, 기업 이미지 제고에 도움이 될 수 있다고 생각하는 기업도 있었다.

무를 주36시간, 주34시간 또는 주32시간으로 단축했다. 일부는 금요일을 쉬는 획일적인 모델을 채택하기도 했고, 일부는 순환 휴무제도를 도입했다. 예를 들면, 어떤 구성원은 월요일에 쉬고, 어떤 구성원은 금요일에 쉬는 방식이다. 실험에 참여한 대기업은 여러 부서에 다양한 방식을 활용하기도 했다.

주4일제 시범사업 참여자들은 전국 평균에 비해 젊고 학력이 높았으며 여성 노동자가 많았다. 노동자 대부분은 주40시간 근로계약을 맺었지만(80%), 컨설팅 및 정보기술 분야에서는 이보다 더 많은 시간을 근무하고 있었다. 실험 이후 주당 평균 노동시간은 36.5시간으로 12% 감소(주40시간 이상 비율 79%→20%)하는 등 실노동시간이 줄어들었다. 또 노동자의 정신적·신체적 건강상태를 자가평가한 결과 이 역시 크게 개선되었다. 정신건강 영역을 '매우 좋음' 또는 '좋음'으로 분류한 직원 비율이 15%에서 30%로 두 배 증가했고, 신체적 건강 영역은 20%에서 27%로 개선되었다. 하루 평균 수면시간도 11분 늘었다.

결과적으로 일과 삶의 균형을 맞추기 어렵다고 응답한 비율은 46%에서 17%로 감소했다. 근무시간 단축으로 많은 노동자가 가족(64%)이나 친구(44%)와 시간을 보냈고, 자기관리(58%)나 취미생활(57%)에 시간을 할애하는 등 문화활동이나 학습활동에 적극 참여했다.

　그러나 모든 결과가 긍정적이지는 않았다. 주4일제를 실행하기 위해서는 기업 문화가 바뀌고 최고경영진이 그 의미를 인지하고 있어야 하며, 노사 간의 신뢰가 필요하다. 중요한 점은 이를 통해 새로운 기술이 도입되고, 회의 시간이 최적화되며, 프로세스가 개선되고, 시간 블록이 생성되는 등 일하는 방식의 질적 도약이 수반되어야 한다는 점이다. 물론 이런 변화가 노동시간 단축과 별개로 추진된다면 훨씬 달성하기 어렵거나 불가능한 일이었을 것이다.

독일 민간 부문 – "엔진룸을 엿보다"[31]

　2024년 7월 포데이위크글로벌은 독일에서 진행 중인 주4일제 실험의 중간 보고서를 발간했다. 독일 기업에서 주4일 근무가 생산성, 고용주 만족도, 일과 삶의 균형, 건강에 미치는 영향에 대한 통찰을 제공하기 위해서였다. "엔진룸을 엿보다Blick in den Maschinenraum"라는 프로젝트 제목에서 알 수 있듯이 주4일제 도입에 대한 잠재력과 향후 과제를 파악하는 데 방점을 두었다.[32] 독일의 주4일제 프로젝트는 2023년 9월 주4일제에 관심이 있는 조직을 대상으로 시작했는데, 45개 기업이 참여했다. 45개 기업 중 42개 기업은 정기적으로 참여했지만, 2개 기업은 2개월간 실시한 뒤 프로그램을 종료했고, 1개 기업은 2025년으로 주4일제 시행을 연기했다.

주4일제 프로젝트는 독일 뮌스터대학 연구팀, 컨설팅 회사 인트라프레너Intraprenor, 그리고 포데이위크글로벌과 협력해 진행했다. 주4일제 실험은 우선 참여 기업의 업무 관행을 분석 및 재구성하고, 3개월 과정의 워크숍과 코칭을 진행했다. 뮌스터대학 연구팀은 파일럿 테스트 과정에서 파생되는 정성 및 정량 데이터를 수집하고 분석했다. 이를 위해 연구팀은 476명의 직원을 대상으로 설문조사를 하고 사전 인터뷰를 가졌다. 한편, 참여 기업의 54%는 50인 이상~250인 미만의 중소기업이었고, 19%는 10인 이상~50인 미만, 14%는 10인 미만, 13%는 250인 이상의 기업이었다.

주4일제 파일럿 테스트 과정에서 최대 12개의 다양한 모델이 관찰되었지만 대체로 적용된 모델은 다섯 가지 형태였다. 노동시간 단축 부분에서 차이가 있었다. 노동시간 20% 단축 목표가 기본 모델('100-80-100' 모델)이기에 해당 구간이 차지하는 비중을 확인해야 했다. 노동시간 20% 단축 기업은 주4일제 참여 기업 전체의 38%였다. 노동시간 10% 이하 단축 기업은 전체의 48% 내외였고, 11~19% 단축 기업은 전체의 15% 남짓이었다. 참여 기업 중 노동자 전체 혹은 90%를

독일 주4일제 파일럿 테스트의 작업시간 모델	
모델	**내용**
전통적 주4일제	노동시간을 20% 단축해 주5일 중 1일을 정해 휴무(예: 금요일 휴무), 일부 기업은 팀원 간 조정을 통해 선택할 수 있는 휴무일을 두 개로 지정.
순환적 주4일제	전통 모델과 유사하지만 노동자의 필요나 조직의 요구사항에 따라 미리 정해진 순서로 순환 휴무.
주4.5일제	모든 직원이 2주마다 반나절 혹은 하루 휴무.
압축적 주4일제	주4일을 근무하지만 노동시간 단축이 기존 전일제와 비교했을 때 20% 미만.
주4일제와 주5일제 중 선택	주당 노동시간은 감소하지만 직원에 따라 주4일 혹은 주5일 중 하나를 선택.

1. 구인공고에 제시된 "주4일 근무"가 채용 지원자에게 매력적으로 인식된다.
2. 노동자는 주4일제를 경험함으로써 노동시간 모델에 대한 개선 사항을 제안하거나, 업무를 보다 효율적으로 만들려는 동기가 높아진다.
3. 노동자의 일과 삶의 균형이 더 잘 이루어져 업무에 대한 집중력과 창의력이 신장된다.

대상으로 주4일제 모델을 적용한 기업은 60%였고, 40%는 일부 직원이나 팀에만 주4일제 모델을 적용했다.

주4일제 프로젝트를 통해 기업에서는 노동시간 유연성의 효과를 확인했다. 업무를 재설계하기 위한 초기 계획 단계에서 치밀하게 준비한 기업에서는 더 큰 성과가 나타났다. 기업이나 조직의 업무 방식을 바꾸기 위한 다양한 접근이 무엇보다 중요했다. 특히 일상적 업무나 회의시간을 조정하는 데에서 문제가 제기되기도 했다. 더불어 주4일제 참여 기업의 경영진이나 중간관리자의 역할 그리고 내부 조직의 혁신 프로세스도 이 사업을 유지하는 데 중요한 과제로 대두되었다.

프랑스 개별 기업의 주4일제 실험 °33

파리교통공단

프랑스 파리교통공단Regie Autonome des Transports Parisiens, RATP은 2023년 노사 단체협상에서 3년간 주4일제 실험에 참

° 프랑스 북부 노르망디 지역의 중소기업 핌팡(Pimpant)은 2023년 6월 중순부터 주4일제를 운영(매주 수요일 혹은 금요일을 휴무일로 지정) 중이다. 또 사무실 가구 제작 회사인 스트럭타(Structa)도 2023년 3월부터 주4일제를 시행 중이다(주4일 36시간제, 금요일 오후 퇴근).

여하기로 합의했다. 이에 RATP는 °2024년 1월부터 직원 170명이 자발적으로 참여한 가운데 시범사업을 시작했다. 사업은 2024년 10월까지 운영되었는데 긍정적인 효과가 확인되어 이후 약 5000명의 직원에게 확대 적용하기로 결정했다. 주4일제 대상은 역에서 근무하는 창구 직원, 관리자, 검표원 등이며 운전자는 제외되었다.

주4일제 운영 방식은 직무에 따라 상이한데, 창구 직원은 '4일 근무, 2일 휴식'(휴일은 요일과 무관하다) 형태다. 임금은 삭감되지 않고 1일 노동시간 역시 변하지 않는다. 1년 365일 운영되는 시스템과 교대제 근무 형태로 6주 가운데 4주는 주5일, 2주는 주4일제로 운영된다. 따라서 전체 노동시간이 줄어드는 효과가 발생할 것으로 전망된다. 관리자와 검표원은 '4일 근무, 3일 휴식' 형태의 적용을 받는다. 단 이들의 하루 근무시간은 7시간 15분에서 8시간 30분으로 증가하며 임금의 변화는 없다.

프랑스 정보통신장비 온라인 플랫폼 엘데엘세

프랑스 리옹 지역에 본사를 둔 엘데엘세LDLC(직원 1000여

°RATP는 세계 15개국에서 약 7만 1000여 명을 고용하고 있는 버스, 도심 전철, 교외선 고속전철, 트램 등을 운영하는 사업체다.

명) 그룹의 로랑 드 라 끌레르제리Laurent de la Clergerie 대표는 2020년 6월 연례의무교섭(기업 내 단체교섭)에서 주32시간제로 전환을 제안했다. 이에 따라 엘데엘세는 노사협상을 거쳐 2021년 1월부터 전 직원을 대상으로 주4일제를 시행하고 있다. 임금 삭감 없이 기존 근무 형태(주5일, 35시간)에서 주4일제(32시간)로 변경한 것이다. 곧 1일 근무시간이 1시간 늘어나는 대신 근무 일수가 하루 줄어들었다.

주4일제 시행 3년이 지나자 내외 지표들에서 적지 않은 성과들이 확인되었다.[34] 우선 기존 직원의 이직이 줄어 반복적인 채용 문제가 해소되었고, 직원들의 능률 향상으로 업무 공백이 발생하지 않았다. 더불어 산재나 병가에 따른 직원들의 결근율 역시 절반가량 줄었고, 퇴사율은 2019년 11%에서 2022년 2%대로 감소했다. 노동조건의 개선으로 직원 사이의 관계가 개선되면서 업무 효율성도 덩달아 상승했고, 이 외의 여러 요인이 더해져 회사 매출은 36%나 향상되었다.

프랑스 유통 슈퍼마켓 리들

프랑스의 대형 슈퍼마켓 기업 리들Lidl은 2023년 9월부터 주4일제를 시범 운영하고 있다. 리들은 주4일제 시범사업 평가를 토대로 2024년 노사 교섭에서 확대 여부를 논의했다.

리들은 2024년 4월 기업 내 연례의무교섭에서 노동조합과 시행한 평가 내용을 공유한 뒤 주4일제 실험 점포를 늘려 1년 간 더 지속해 보기로 했다.[35] 이에 리들은 전국 18개 점포에서 직원 1인당 8주간 주4일제를 적용했다. 실험 대상은 주30시간 근로계약을 맺고 있는 다직능 점원과 계산, 응대, 조정 등의 업무를 수행하는 정규직 노동자들이었다.

리들의 실험은 일주일 노동시간 적용 방식에 따라 차이가 있다. 주30시간 근무자는 1일 7.5시간 근무제로 변경되고, 주35시간 근무자는 나흘 동안 35시간을 충족하는 방식이다. 따라서 노동시간 단축과 임금 삭감은 발생하지 않았다. 전일제 직원은 주5일(주35시간)에서 주4일(주35시간)로 전환이 가능하며, 1일 업무시간은 조정해야 한다. 주30시간제 노동자도 주5일(주30시간)에서 주4일(주30시간)로 동일한 방식으로 변경할 수 있다.°

<hr />

° 개인적 필요에 따라 주5일-30시간제(1일 6시간 근무)를 택한 시간제 노동자에게 주4일-30시간제는 의미 없는 선택지일 뿐이다. 하지만 비자발적 시간제 노동자에게, 곧 전일제 일자리를 원하는데도 주30시간 근무를 하는 직원에게 이 선택지는 유효할 수 있다. 휴무일에 다른 시간제 일자리를 구하거나 직업훈련 과정에 참여할 수 있기 때문이다.

독일 개별 기업의 주4일제 실험[36]

독일 적십자병원[37]

독일의 공공의료병원 중 하나인 적십자병원은 2023년 8월 노사 단체협약에 따라 2024년부터 2025년까지 2년 동안 주4일제 실험을 진행하고 있다. 독일 작센안할트 주 적십자병원은 요양병원, 사회복지센터 등을 포함하고 있고, 365일, 24시간 운영되는 곳이다. 주요 직원은 간호직, 의료기술직, 사회복지직으로 구성되어 있다.

적십자병원은 직원 퇴사율이나 노동조건 문제를 해결하기 위해 주4일제 도입을 위한 논의를 진행했고, 노사가 월 1회 만나 협의했다. 노사는 2년간 주4일제 실험을(주36시간) 거친 뒤 주32시간, 1일 8시간 근무를 넘지 않는 모델로 전환하는 것을 최종 목표로 삼고 있다. 다만 주4일 가운데 1일은 9시간(오전 6시~오후 8시) 내에서 유연하게 근무하는 방안에 합의했다. 적십자병원 직원들은 주4일제 근무로 11%의 임금 인상 효과를 보고 있다.

독일 IT 컨설팅 기업[38]

독일 북부 뤼벡에 본사를 둔 IT 컨설팅 기업인 콘토어 컨설팅 기업Kontor Consulting GmbH은 소규모 사업장이지만 주4일제(주32시간)를 시행하고 있다. 주4일제를 원하지 않는 노동자는 주5일 동안 하루 6시간씩 근무하는 형태를 선택할 수 있다. 뤼벡 상공회의소IHK Lubeck는 콘토어의 노동시간 단축 모델이 고전적인 주40시간 노동 모델의 대안 중 하나가 될 수 있다고 봤다. 다만 이 모델은 개별 기업에 한해서만 적용되기에 근본적인 해결책은 될 수 없다는 시각을 갖고 있다.

주4일제와 관련해 사용자 단체는 임금 보전을 전제로 하는 노동시간 단축 모델을 시행하려면 동일한 수준의 작업을 더 짧은 시간 안에 완료해야 하기에 기존의 업무 관행이나 프로세스를 조정할 필요가 있다고 언급했다. 독일 숙박 및 식음료 연합회의 '슐레스비히 – 홀스타인 주 지부Deutsche Hotel-und Gaststattenverband e. V.'는 노동자가 주4일 근무한다고 해서 기업 운영까지 주4일로 할 수 있는 건 아니라면서 단축된 노동시간을 충당하기 위한 추가 인력에 대한 비용을 기업이 감당해야 하므로 주4일제에 대한 반대 입장을 내비치기도 했다.

자동차 기업 폭스바겐

독일의 자동차산업은 산업 재편 과정에서 노동시간 단축 논의가 가장 활발한 영역이다. 2018년 독일 금속노조IG Metall

의 주28시간제 요구안과 맞물려 폭스바겐 노사는 단체협상을 통해 어린 자녀나 장기요양이 필요한 가족을 둔 노동자를 대상으로 최대 2년까지 노동시간을 단축한 정규직 파트타임으로 근무할 수 있게 했다. 물론 2년 이후 돌봄시간이 필요하지 않을 경우에는 다시 전일제 고용으로 복귀할 수 있다.

한편, 독일 금속노조는 지난 2019년 '전환단축노동수당Tranformationskurarbeitergeld, Transformations-KuG'을 제시했다. 이는 디지털화와 기후변화에 따른 산업 전환 과정에서 예상되는 변화에 기업과 노동자가 적응하기 위한 방안이다. 전환단축노동수당은 기존의 단축근로수당과 유사하지만 '향후 3년 내 노동자의 최소 10%가 구조적 산업 전환의 영향'을 받을 때만 시행할 수 있는 제도다.

이 모델은 업무량을 줄이고 생산성을 증가시키는 방향으로 추진되었으며, 임금은 이전과 동일하게 보전된다. 금속노조의 전환단축노동수당은 '신호등 연정 합의서'에 '(훈련)인증수당Qualifizierungsgeld'이라는 이름으로 포함[39]되었지만 아직 시행되지는 않고 있다. 전환단축노동수당은 코로나19 팬데믹 이전인 2019년에 제안되었는데, 팬데믹 이후 실업보험 재정에서 전환단축노동수당을 통해 임금손실을 보전하는 것을 두고 현재 논쟁이 지속되고 있다.

덴마크 개별 기업의 주4일제 실험[40]

온라인 마케팅 기업 IIH 노르딕[41]

덴마크 기업 IIH 노르딕IIH Nordic은 2005년 설립된 중소기업으로 디지털 마케팅 에이전시 업무를 하는 곳이다. 이 기업은 2년간의 계획, 준비, 실험을 거쳐 2019년 전 직원을 대상으로 주4일, 30시간 근무제를 도입했다. 그 이전에는 주5일, 37.5시간제였다. 주4일제를 운영하면서도 직원 급여와 유급휴가 25일은 이전과 동일하게 유지하고 있다. 주4일제 시행 목적은 일과 삶의 균형 속에서 직원들의 스트레스를 줄이고 퇴사율을 낮추는 것이었다. 회사는 매력적인 노동환경을 제공하는 게 인재 채용에 도움이 될 뿐 아니라 중장기적으로는 생산성 면에서도 큰 이점이 있을 것이라고 판단했다.

IIH 노르딕은 주4일제 추진 과정에서 다양한 내부 프로세스와 조직의 혁신 방안을 검토했다. 대표적으로 근무시간을 줄이는 대신 생산성을 높일 수 있도록 회의를 최적화(포모도로기법Pomodoro Technique 활용)했다. 예를 들면 모든 회의실에는 타이머를 두었으며 명확한 회의 주제를 미리 준비하도록 했다. 이를 위해 프로젝트 관리 시스템, 시간 기록 시스템 같은 업무 툴을 도입했고, 새로운 툴 사용을 위해 직원을 훈련하는 데 시간과 비용을 투자했다. 또 압축적 근무시간으로 직원들 간의 근무시간 내 교류가 감소하는 것에서 비롯되는 부작용을 줄이고자 직원 간 업무적·비업무적 교류의 긍정적 효과를 유지하려는 기획(Thursday Bar 행사)도 추진했다.

주4일제 시행 이후 신규 직원을 대상으로는 지속적인 학습 기회를 효율적으로 제공했으며, 제한된 교육 시간을 최대한 활용했다. 기존 훈련 및 정보들을 포괄하는 시스템Learning Lifecycle Platform을 통해 전 직원과 정보를 공유했으며, 훈련 자료를 만드는 과정에서도 효율성을 높이려 했다. IIH 노르딕은 전형적인 화이트칼라 직업군을 대상으로 한 주4일제 모델이다. 주4일제 시행 이후 IIH 노르딕 직원들은 스트레스가 감소하고, 전반적으로 건강이 개선되었으며, 직장 만족도가 향상되었고, 결근이 줄어들었다. 또한 출퇴근 시간이 감소하면서 에너지 소비가 줄어드는 등 환경적 효과를 불러오기도 했다.

코딩 및 소프트웨어 기업 앱션[42]

덴마크 기업 앱션Abtion은 웹사이트 개발과 디지털 솔루션을 제공하는 회사로 2011년 설립되었다. 앱션은 2019년부터 주4일제(30시간 근무)로 전환을 도모했다. 금요일을 공식 휴일로 지정해 3일 동안의 주말을 갖는 형태다. 주4일제의 시행 목적은 업무 생산성을 떨어뜨리지 않으면서 직원들이 일과 삶의 균형을 찾을 수 있도록 지원하고 복지를 증진하는 데 있었다. 이를 위한 핵심 과제는 직원들이 단축된 일정 내에 업무를 끝마치도록 하는 것이었다.* 액션은 노동시간 단축으로 인한 생산성 저하를 방지하기 위해 다양한 기술적 도구를 도입하고 내부 정책을 재정비했다.

또 회사는 팀원들이 자신들의 업무를 더 효과적으로 관리할 수 있도록 이른바 '딥 워크Deep Work' 시간을 장려했다. 딥 워크 시간 동안에는 외부 방해 요소를 최소화하고, 팀원들이 각자의 중요한 업무에 몰입할 수 있도록 지원했다. 이를

---

* 액션은 주4일제 운영의 효율성을 위해 내부 업무 효율화 작업을 추진했는데, 예를 들어 프로젝트 관리 도구인 'Asana'와 협업 도구인 'Slack'을 적극 활용해 팀원 간의 의사소통이 더욱 효율적으로 이뤄지도록 만들었다. 이를 통해 업무의 우선순위를 명확히 하고, 각 프로젝트의 진행 상황을 쉽게 파악할 수 있게 했다. 또 업무의 효율성을 높이기 위해 '업무 시간 블록화(Block Time)'를 도입해 특정 시간 동안 특정 작업에만 집중하도록 장려함으로써 직원들이 자신의 업무 목표를 더욱 명확히 하고 중요한 업무를 방해 없이 수행할 수 있게 했다. 직원들은 짧은 기간 내에 높은 수준의 생산성을 발휘해야 했는데, 이를 위해서는 규율과 효율적인 시간 관리가 필요했다. 이에 액션은 직원들에게 시간 관리에 관한 교육을 별도로 제공했고, 그 외에도 개인의 생산성을 높이기 위한 다양한 전략을 공유했다.

통해 업무 집중도가 크게 향상되었고, 단축된 근무시간 내에 업무를 완수하는 능력이 높아졌다. 더불어 앱션은 직원들이 일과 삶의 균형을 유지할 수 있도록 재택근무를 확대했다. 직원들은 주4일제 도입 이후에도 사무실이나 집에서 근무하는 형태를 선택할 수 있었다. 이에 따라 출퇴근 시간을 아낌으로써 가족과 더 많은 시간을 보내는 게 가능했다.

주4일제 시행 이후 직원들의 스트레스는 크게 감소했고, 재택근무를 비롯해 다른 장소에서 일할 수 있는 유연성 덕분에 근무 만족도는 매우 높아졌다. 이는 직원들의 정신건강과 전반적인 행복도를 개선하는 데 크게 기여했다. 주4일제 도입 초기에는 복잡한 프로젝트를 압축된 일정 안에 완수해야 한다는 압박을 느끼는 이들이 있었는데, 회사는 이 문제를 해결하기 위해 팀 간의 협업을 강화하고, 프로젝트 목표를 더 세분화해 작은 성취를 축적할 수 있도록 했다.

호주 개별 기업의 주4일제 실험

대형 유통 체인 버닝스와 울워스

호주 기업 버닝스Bunnings는 2023년 하반기부터 노사 합의로 주4일제를 시행하고 있다. 버닝스는 호주 가정 가구 유통 체인인데, 약 4만 명의 직원이 주4일제의 적용을 받고 있다. 형태는 1주 동안 38시간을 일하거나 2주 동안 9일을 일하는 방식이 있다. 임금 삭감 없이 진행되는 것으로, 향후 3년 동안 10.5%의 급여 인상 계획도 가지고 있다. 버닝스의 주4일제는 노동시간 단축을 통한 일과 삶의 균형을 위해 노사가 단체협상으로 추진한 사례다. 이 과정에서 노동자들은 연차휴가를 5주 정도 받을 수 있게 되었다. 이에 더해 회사는 향후 대체 공휴일에 대한 접근 방식도 새롭게 검토할 예정이다.[43]

호주 대형 마트 울워스Wool Worths도 2024년 7월부터 주4일제를 도입했다. 울워스그룹은 노사 합의에 따라 호주 전역의 소매 체인 울워스슈퍼마켓에서 주4일제를 추진하기로 했다. 전체 직원 1만 4000명이 주5일 38시간 근무제에서 하루 9시간 30분씩 일하는 주4일제의 적용을 받는 것이다. 그러나 도소매 유통업 특성상 주말 영업을 해야 하기에 한 달에 주말 근무를 최대 4회 포함하는 형태로 운영된다.[44]

금융회사 인시그니아

호주 금융 서비스 기업 인시그니아Insignia는 2024년 11월 주4일제 시범 운영을 하기로 노동조합과 합의했다. 주4일제 시범 운영은 직원 4000명이 임금과 생산성을 100% 유지하는

조건으로 근무시간을 이전 대비 80%로 줄이는 방식이었다.°
노사 합의 사항은 주4일제 시범 운영, 재택근무 권한 확대, 그
리고 AI가 지원하는 의사 결정에서 최종 결정을 인간이 내리
도록 보장하는 조항을 포함하고 있다.

노동조합은 주4일제 시범 운영 과정에서 AI가 가져오는
생산성 향상이 노동자의 근무시간을 줄이는 결과로 이어지기
를 희망하고 있다. 이는 단순히 이익만 증대시키는 것이 아니
라는 점을 강조했다. 주4일제 시범 운영은 호주 금융산업에
서는 처음 시행되는 것이다. 대형 은행들이 과도한 근무시간
문제로 점점 더 많은 비판을 받고 있는 시점에서 주4일제 도
입을 결정했다는 데 그 의의가 크다.°°

° 호주 민간 건강보험사 부파(Bupa)와 메디뱅크(Medibank) 역시 9
일 간격 근무제 및 주4일제 실험을 진행 중인데, 메디뱅크는 주
4일제 참여 직원을 500명으로 두 배로 늘릴 예정이다. 시범 운
영 첫 6개월 동안 생산성이 안정적으로 유지되고, 직원 참여도가
7% 증가했으며, 일과 삶 사이의 갈등이 31% 감소했다.

°° 노동조합은 주4일제를 새로운 노동 규범으로 밀어붙이고 있으
며 이는 기업과의 협상에서 표준 요구사항으로 자리 잡고 있다.
이는 현재 선코프(Suncorp)와의 협상에도 적용되고 있다. 이것은
금융 부문만이 아니라 회계, 보험과 같은 다른 부문에서도 동일
임금을 받으면서 근무시간을 줄이려는 움직임과 연동되어 있다.

5장

한국의
주4일제 실험과
추진 과정

한국에서 추진된 주4일제 실험들

한국에서도 주4일, 격주4일, 주4.5일 등 다양한 근무 형태
가 논의되고 있다. 부분 주4일제나 주4.5일제는 언론사(경향
신문, 한겨레, 중앙일보)와 출판사(금성출판사, 보리출판사), 제조
업(코멕스, 코아드), 유통업(마녀공장, 에이피알) 등에서 이미 시
행하는 곳들이 있다. 한국의 주4일제는 산업과 업종은 물론
기업 규모와 시행 방식에 따라 형태가 상이한데, SK텔레콤,
카카오, CJ, 대명노소벨, 포스코, 우아한형제들, 세브란스병원
과 같은 대기업, SBI저축은행이나 휴넷 같은 중견기업, 비영

리법인이나 NGO 단체 같은 소규모 조직들이 나름의 방식으로 참여하고 있다.

해외 각국의 주4일제 사례에서 살펴봤듯이 한국의 주4일 제도 주40시간의 법정노동시간 유지 형태와 주32시간의 노동시간 단축 형태로 나뉜다. 또 완전 주4일제로 운영하는 곳이 있는가 하면, 격주나 월 1회 시행하는 방식의 부분 주4일제를 운영하는 곳도 있다. 더불어 주4일제 시행을 해당 기업에 근무하는 전 직원을 대상으로 하는 곳도 있지만, 특정 파트나 직군만을 대상으로 하는 곳도 있다. 노동시간 단축이나 유연 근로 시행에 따른 인력 충원이나 임금 보전 여부도 회사별로 차이가 있다.

한국은 직원 복지를 위해서 또는 유능한 인재를 채용하기 위해서 기업이 주도적으로 주4일제를 운영하는 곳이 대부분이다. 물론 노사 합의를 통해 시행하는 곳도 일부 있다. 세브란스병원(2022년 8월), 국립중앙의료원(2024년 8월), 포스코(2023년 11월)는 노사 단체협약 체결을 통해 주4일제 시범사업을 추진한 곳이다. 이를 시작으로 보건의료, 금융, 제조, 정보통신 분야에서 최근 몇 년 사이 노사 협의를 거친 주4일제가 논의되고 있다.

주4일제 시행 사례를 유형별로 살펴보면 몇 가지 쟁점을

확인할 수 있다. 첫째는 기업이나 조직이 365일, 24시간 운영되는 사업장은 조업이나 영업 요일, 노동자의 출근 요일을 고려해 사업을 검토해야 한다는 것이고, 둘째는 1주 노동시간과 1일 노동시간의 단축 형태나 유지 여부에 따른 생산성이나 서비스 문제를 고려해야 한다는 것이다. 셋째는 노동시간 단축과 관련한 임금 보전 여부가 쟁점이 되는 경우고, 넷째는 전일제와 교대제 근무에 따라 추가 인력을 충원해야 하는지와 업무량 및 노동강도의 증감이 쟁점이 되는 경우다. 다섯째는 주4일제 추진이 노사 합의형인지, 기업 주도형인지에 따라 그 지속성이 쟁점이 되는 경우다.

세브란스병원 교대제 간호사의 주4일제 실험[45]

세브란스병원은 한국 기업 최초로 노사 합의를 거쳐 주4일제 실험을 시작한 곳이다. 신촌, 강남, 용인 등 세 곳에서 3810병상을 운영하고 있는 세브란스병원은 1일 평균 3100여 명의 재원 환자와 1만 7000여 명의 외래 환자가 진료를 받고 있다. 주4일제 시범 운영 당시 세브란스병원의 교수와 직원은 1만 3200여 명, 간호사는 5900여 명 정도였다.

문제는 365일, 24시간 운영되는 병원 특성상 야간 근무와 높은 업무 강도로 간호사들이 오래 근무하지 못한다는 점이었다. 특히 불규칙한 교대제 근무의 어려움으로 이직률이 매우 높아서 간호사 퇴사율이 무려 15.2%에 달했다. 전체 산업의 일반적인 퇴사율이 5.3% 정도니 무려 세 배인 것이다. 일반 병동 간호사의 약 70% 이상이 2교대 혹은 3교대로 근무하다 보니 간호사 평균 근속 기간은 7.5년에 불과했고, 신규 간호사 퇴사율은 전체 간호사 퇴사율보다 높은 44.5%였다.

실제로 근무 현장에서는 인력이 부족한 상황에서 야간 근무에 여러 가지 힘든 업무까지 감내해야 하니 시간이 부족해 끼니조차 제때 챙기지 못하는 일이 부지기수였다. 10명 중 7명이 육체적·정신적으로 지쳐 있어 이직을 고민하고 있었다. 보통 간호사는 교대제 근무 특성상 인수인계를 포함해 1일 평균 9시간 남짓 일한다. 휴게시간은 4~15분 정도이며 식사시간은 10분 미만이다. 병원 특성상 주말 근무와 월평균 5일 정도 야간 근무까지 해야 하니 일과 삶이 조화를 이루는 건 불가능한 구조다.

이와 같은 상황에서 세브란스병원은 간호사의 노동 현실을 개선하기 위해 2022년 8월 노사 단체협상을 체결한 뒤 2022년 11월 주4일제 운영 방안을 발표하고 내부 설명회를 열었다. 그리고 2023년부터 주4일제 시범사업을 시행하기로 결정했다. 노사 합의로 추진된 주4일제 시범사업은 2024년부터 기존 3개 병동에서 5개 병동으로 확대했다.° 이와 함께 노동조합은 주4일제 시범사업 연구조사도 병행 추진했다. 목적은 주4일제 시범사업의 효과를 확인하기 위한 것이었다. 곧 주4일제 시행 이전과 이후의 상황을 비교하고, 주4일제 병동과 주5일제 병동의 비교 연구를 위해 네 차례 조사가 진행되었다.

세브란스병원에서 주4일제 실험이 가능했던 요인은 내외부적 환경과 노사 관계가 긍정적이었기 때문이다. 노동조합은 노사 교섭의 주요 안건으로 주4일제를 채택했고, 2019년부터 2022년까지 4년간의 내부 논의를 거쳐 결국 합의를

° 세브란스병원은 단체협약(2022년 8월 8일)에 따라 1년간 3개 병동에 대해 주4일제 시범사업을 추진했다. 노사 간 논의를 통해 신촌(2곳, 24년 1곳 추가)과 강남(1곳, 24년 1곳 추가)의 해당 병동에 추가 인력을 배치하고, 참가 기준(건강, 육아, 교육, 워라밸 등)에 맞게 참여 대상자를 선발했다. 1년 동안 상반기·하반기에 걸쳐 각각 6개월씩 시범사업이 시행되었는데, 연구진은 시행 전후의 노동 상황을 비교해 효과성을 검토했다. 이를 위해 연세의료원 노사와 연구진은 TF를 구성해 '킥오프 미팅'(2023년 2월 21일) 등을 추진하면서 연구조사 목표와 방향을 공유했다. 세브란스병원의 주4일제 시범사업은 2024년 2개 병동(신촌, 강남)이 추가되면서 1년 연장되었고, 2025년 현재 5개 병동을 유지하면서 3년째 진행되고 있다.

이끌어 냈다. 교대제 간호사가 다수인 간호사 조직의 특성상 노동시간 단축 의제를 해결하고자 하는 문제의식이 핵심이 었다. 물론 노사 양측 대표가 병원 재정에 큰 영향이 없는 방식으로 실험을 추진한 것도 주4일제 실험이 가능하도록 만든 요인이었다. 아울러 보건복지부의 간호사 교대제 시범사업과 같은 유사한 형태의 제도가 추진된 외적 환경도 간접적으로 영향을 미쳤다.

주4일제 실험은 엄청난 성과들을 가져왔다. 주요 성과는 간호사들의 일과 삶의 균형이 개선되었고, 퇴사자가 줄어들 었으며, 의료서비스가 향상되었다는 점이다. 우선 시범사업 병동 간호사의 퇴사율(신촌 2개 병동: 0.0~2.6%, 강남 1개 병동: 18.2%)은 전체 병동 퇴사율(22년: 신촌 3.6~9.1%, 강남 27.0%)에 비해 감소했다. 주4일제 시행 이전 대비 약 3.9~8.8%p 감소한 것이다. 주4일제 시범사업 병동의 병가 사용 비율도 시행 이전에 비해 줄어들었다(신촌 2개 병동: 1.1~1.7%). 주5일 근무자의 병동(2.4%)과 비교해 약 절반 정도 적은 상황이다.

특히 주4일제 시범사업 병동에서 환자·보호자가 고객 소리함에 제출한 연간 간호사 친절 건수는 1.5~2.6배 증가했다(171병동: 85건→132건, 172병동: 42건→111건). 이것은 주5일제 병동(141병동: 80건→93건)과 비교했을 때 현격한 차이다.

주4일제가 노동자 개인의 삶이나 노동조건만이 아니라 조직에도 도움이 된다는 것을 보여준 대표 사례다. 제조업 생산라인의 생산성 지표와 달리 비제조업에서는 고객과의 상호관계가 기업 매출이나 성과에 영향을 미치는 요인이다.

> 올해 저희 부서 사직률이 0%가 나왔어요. 연차와 상관없이 마음껏 쉴 수 있어 확실히 재충전이 되니 만족도가 많이 좋아졌어요(2023년 참여자1).

> 사실 일이 너무 고되어서 사직을 고민했거든요. 외래로 바꾸든 3교대에서 벗어나자는 생각도 있었는데, 주4일제로 조금 나아졌죠. 이제는 가정을 챙길 수 있게 됐거든요(2023년 참여자2).

주4일제 근무자는 주5일제 근무자에 비해 '행복도' '일과 삶의 균형' '충분한 여가시간' 등 세 부문 모두에서 긍정적으로 응답했다. 특히 기혼 유자녀 간호사의 경우 상대적으로 만족도가 더 높았다. 주4일제 근무자는 미디어나 게임 등을 제외한 교제, 육아, 교육 학습, 스포츠, 종교 등 모든 영역에서 더 많은 여가시간을 누렸다. 특히 사회적 관계나 자기계발이 필요한 영역에 더 많은 시간을 투여했다.

주4일제를 한 뒤 공부도 하고 있고 엄두도 내지 못했던 여행도 다녀왔어요. 또 원래 운동을 하기는 했는데 시간을 쪼개서 했거든요. 지금은 생각보다 여유롭게 운동할 수 있어서 삶의 질이 좋아졌어요. 몸이 회복되는 것 같아요(2023년 참여자3).

예전에는 힘들어서 쉬는 날에는 집에서 아무것도 안 했는데, 이제는 운동이나 다른 활동에 참여하기도 하고 친구를 만나기도 해요. 그런 여유가 생겼어요(2023년 참여자4).

주4일 근무자의 직장생활 만족도는 1차 조사에서 50.2점이었으나 4차 조사에서는 56.2점으로 증가했다. 반면 주5일 근무자는 1차 조사에서 51.6점이었는데 4차 조사에서는 51점으로 큰 차이가 없었다. 주4일 근무자 중에서는 유자녀 간호사의 만족도가 더 높았고, 1년 이내 이직 의향은 10%p 감소했다. 특히 "일을 그만두고 싶다" "내일 출근하기 싫다" 같은 부정적인 마음이 주4일 근무자들에게서 대폭 감소했다. 간호사들은 주4일 근무로 생활 리듬부터 가족과 함께하는 시간까지 실질적인 변화를 체감했다.

쉬는 날이 늘어나니 아이들과 함께하는 시간이 많아졌어요. 주

말에 나들이나 여행을 많이 갈 수 있어서 육아하는 사람들에게
는 진짜 좋은 것 같아요(2023년 참여자5).

일하다 보니 좀더 공부가 필요하다고 느껴서 대학원에 진학하
게 됐어요. 주4일제가 아니었어도 가긴 했겠지만 주4일제가 엄
청 도움이 됐죠(2023년 참여자6).

야간 근무를 하게 되면 그 이후 이틀을 쉬어도 충분히 못 쉰다
는 느낌이었는데, 하루를 더 쉬게 되니 몸이 회복되는 느낌이
들어요. 하루가 엄청 큰 차이거든요. 확실히 신체 리듬이나 건강
에 긍정적인 영향이 있는 것 같아요(2023년 참여자7).

세브란스병원 병동 간호사의 근무표를 분석하면 구체적
인 삶의 변화를 확인할 수 있다. 주4일 근무자의 월평균 근무
일은 17.4일에서 12.6일로 4.8일 감소했다. 주5일 근무자가
월평균 17.1일 근무하는 것에 비해 출근 자체가 줄어든 것이
다. 게다가 주4일제에 참여하면서 간호사의 휴가 사용 일수
도 월평균 1.6일에서 2.2일로 0.6일 증가했다. 주4일제가 실
노동시간 단축 이외에 개인 삶의 시간 빈곤 문제도 해결한 것
이다. 기존보다 하루를 더 출근하지 않기에 간호사 개인의 연

간 노동시간은 469시간 20분이 줄어들었다. 여기에 연간 52시간 36분의 출퇴근 시간까지 감소했다. 따라서 주4일제로 간호사들은 연간 총 521시간 56분이라는 시간을 자신을 위해 더 쓸 수 있게 된 것이다.

> 환자를 대할 때 더 부드럽게 말하게 되는 것 같아요. 그전에는 스트레스가 너무 많아서…. 주4일제를 시행한 뒤에는 한 마디라도 더 공손하게 이야기하고, 요청 하나라도 더 들어드리고 싶어졌어요. 심적으로 여유가 있다 보니 제 담당 환자가 아니어도 해결할 수 있는 문제는 해결해 주려 하고요(2023년 참여자8).

> 아무래도 여유가 생기니까 환자를 더 챙길 수 있게 되는 것 같아요. 그전에는 모두 지쳐 있어서 각자 자기 일만 하기 바빴거든요. 이제는 주위를 돌아보면서 "바쁜 것 같은데, 내가 도와줄까?" 이렇게 말하게 되더라고요. 체력적인 부분에서 여력이 생기니까요(2023년 참여자9).

주4일 근무자의 전반적인 활력이나 사회적 관계는 시행 이후 변화가 뚜렷했다. 특히 시간이 지날수록 체력이나 스트레스 부분이 눈에 띄게 개선되었다. 주4일제 아래에서 간호

사들의 결근Absenteeism은 감소했고, 몸이 아픈데도 어쩔 수 없이 출근해야 하는 프리젠티즘Presenteeism도 확인되었다. 일하는 시간이 줄어들다 보니 수면장애나 우울감 같은 증상을 겪는 비율도 줄어들었다. 이와 같은 효과는 주4일제 간호사들의 병가가 줄어든 것에서 실제적으로 확인할 수 있다.

이처럼 세브란스병원의 주4일제 실험은 혁신적인 성과를 보여준 사례다. 간호 업계는 지난 수십 년 동안 노동환경을 개선하기 위해 지난한 논의들을 해왔지만 크게 변한 게 없었다. 국가인권위원회에서 간호사의 노동 인권을 개선하라고 권고했음에도 정부는 오랜 시간 소극적 태도로 일관했다. 이런 상황에서 세브란스병원의 주4일제 실험은 간호사의 노동 인권과 삶의 질을 높일 수 있는 해법이 될 것으로 기대된다.

중소제조업체 코아드의
점진적 주4일제 실험

주4일제 근무 형태는 전일제 근무직이나 사무관리직에서나 가능하다는 인식이 많다. 실제로 몇몇 대기업에서는 사무직만을 대상으로 주4일제를 시행하고 있다. 네이버나 카카오와 같은 IT기업에서는 하이브리드 근무 형태가 운영되고

있다. 이미 주요 대기업에서는 인적자원 확보나 사내 복지의 일환으로 다양한 근무 형태를 지원하고 있는 것이다. 그러나 중소 영세기업이나 제조업에서는 유연 근로를 활용하는 게 일부 영역에만 국한된다. 유연근로제도를 실시하는 업체는 10곳 중 2곳에 불과하다.

사무관리직이 아닌 서비스 판매직이나 생산직 혹은 제조·건설직이나 교대직이 다수인 곳은 유연 근로조차 활용하기 어렵다. 텔레워크로 알려진 재택·원격 근무 같은 게 불가능한 곳은 다른 정책이 필요하다. 유연 근로 도입이 어려운 곳일수록 장시간 노동을 하는 사업장일 가능성이 높다. 이런 곳은 노동시장에서 기피 업무로 인식되어 신규 채용이 여의치 않은 곳이 많다. 특히 비대면보다 대면 서비스가 중심인 사업장은 일하는 방식에서 다양한 시도를 해볼 필요가 있다.

중소제조업체 코아드COAD는 일반적 상식과 관념을 탈피한 주4일제 성공 사례다.[46] 코아드는 2014년 설립된 자동문 토털 솔루션 전문 기업으로 임직원이 150명 정도 되는 중소 업체다. 국내에 공장 4개 그리고 해외 법인 6개가 있고, 직원 대다수는 30대 초중반이다. 코아드는 기업 성과를 올리고 직원 만족도를 향상시키기 위해 다양한 근무 형태를 시행했다. 주4일제 운영도 처음부터 완전한 형태로 시작한 게 아니라 단계적으로 시행했다. 2019년에는 월 1회 휴무, 2020년에는 격주 휴무, 2021년에는 현장직에 한해 주4일제 적용, 2022년에는 전 직원을 대상으로 주4일제를 시행한 것이다.

코아드의 이런 시도는 곧 성과로 연결되었고, 퇴사율이 시행 이전 14%에서 1%로 대폭 감소했다. 신규 직원 채용의 입사 경쟁률은 20대 1에서 100대 1로 무려 5배나 껑충 뛰었다. 이와 같은 변화는 유능한 인력 수급과 연결되어 회사 성과로 다시 이어지는 선순환 고리를 만들어 냈다. 연매출은 2021년 112억 원에서 2024년 170억 원으로 매년 10~25% 향상되었다. 코아드의 주4일제 효과는 직원 만족도에서도 확인할 수 있다.

예전에는 퇴근하고 집에 오면 잠만 잤어요. 당시 회사 만족도가 50%였다면 지금은 거의 80~90%까지 올라간 것 같아요(2023년 코아드 직원의 〈JTBC〉 인터뷰).

주4일만 일하니 사람이 여유가 생기고 적극적으로 변해요. 일은 고되어도 시간이 금방 가더라고요. 솔직히 처음에는 제조업인데 주4일제가 될까 싶었죠. 이전 회사에서 용접 일을 할 때는 주6일, 주7일도 했거든요. 그런데 영업팀, 시공팀, 제조팀이 다 일

정을 짜놓고 수시로 조율하면서 일하니 되더라고요(2023년 코아드 직원의 〈한국일보〉인터뷰).

회사는 생산성 향상을 위해 스마트팩토리를 도입하고MES 조직문화 개선이나 동기 부여에 필요한 여러 프로그램을 실시했다. 또 주4일제 도입 전후로 오류 방지를 위한 실시간 데이터 추적, 효율적인 품질 관리, 업무 부하 감소 등을 위해 고성과작업시스템HPWS을 운영했다. 그 결과 생산량은 50% 향상되었고 불량률은 50% 감소했다. 이처럼 주4일제는 회사의 경영 전략과 맞물려야 효과과 증대된다. 코아드는 주4일제 시행 이전보다 꾸준히 인력을 충원하고 있다.

더불어 다양한 복지제도는 직원 만족도를 향상시킨다. 리프레쉬 휴가, 복지카드, 종합건강검진, 휴가 지원 등은 주4일제와 함께 운영하는 대표 정책들이다. 주4일제로 인한 생산성 하락 문제는 어떤 시각에서 접근할 것인지에 따라 기업과 조직 성과에 영향을 미친다. 투입IN-PUT과 산출OUT-PUT이라는 단순 요인으로 바라볼 게 아니라 복합적 요인들을 고려해여러 방면에서 검토할 필요가 있다는 것을 코아드 사례가 말해준다. 주4일제의 성공적인 안착은 최고경영자의 의지와 조직 구성원의 신뢰 같은 내외적 환경 요인에 따라 좌우된다.

지방자치단체의
노동시간 단축과 주4일제 실험

유럽의 지방정부나 도시에서는 '도시의 시간'을 모토로 노동시간 단축을 추진하는 곳이 적지 않다. 경제위기 극복을 위해 일자리 나누기에 초점을 둔 곳도 있지만, 단순히 삶의 질을 향상시키는 것을 목표로 한 곳도 많다. 독일이나 이탈리아 등 유럽에서는 지자체가 선도적으로 노동시간 단축을 진행하기도 한다. 최근 스웨덴 예테보리에서는 2년간 1일 6시간 근무제를 실험한 적도 있다. 한국에서는 서울시와 경기도가 노동시간 단축 모델을 지방정부 차원에서 수립했다. 서울시는 시 산하의 공공기관을 대상으로, 경기도는 민간기업을 대상으로 노동시간 단축을 추진했다.

먼저 서울시는 2017년 1월 지방정부 최초로 서울형 노동시간 단축 모델을 발표했다. '주40시간 상한제'와 '초과근로 제한' 그리고 '최소 휴식시간과 휴가 보장' 등의 내용이 담겼다. 2017년 서울시는 공공기관 일부에서 시범 운영한 뒤 전 기관으로 확산하는 로드맵을 발표했다. 정책 방향과 목표는 과거 노사정위원회에서 합의한 OECD 평균 노동시간인 1800시간대 진입이었다. 당시 사무직 노동시간 단축 모델(서울신

용보증재단), 병원 교대제 노동시간 단축 모델(서울의료원), 고령 근로자의 장시간 사업장 체류시간 단축 모델(지하철 자회사) 등 세 가지 형태가 제시되었다.

서울시 산하의 공공기관 노사는 노동시간 단축 협약을 체결하고 자체 기관별로 이행 과제를 추진했다. 정책 로드맵은 선先 인력 확대, 후後 노동시간 단축이었다. 이를 위해 초기 3개 기관에 118명의 인력을 충원했다. 2485시간이었던 노동시간을 단계적으로 단축할 경우 서울의료원 간호사들에게 1년에 무려 75일의 휴무가 주어진다. 이를 위해 서울시는 인력(60명)과 예산을 지원하기도 했다. 노사정 모두 시민 서비스의 질을 높이기 위한 방향에 합의했다.

한편, 경기도는 국내 최초로 2025년부터 2027년까지 3년 동안 민간기업을 대상으로 4.5일제 시범사업을 시행한다. 경기도의 노동시간 단축 정책은 지역 내 민간 중소기업을 대상으로 한다는 데 의의가 있다. 이를 위해 2024년 7월 주4.5일제 추진 TF를 구성하고 공청회와 연구조사, 간담회 등을 진행했다. 경기도의 노동시간 단축 정책은 임금 삭감 없는 선택형 노동시간 단축 정책으로 사업의 유연성을 가진다. 각 기업에게는 생산방식이나 서비스 운영 형태 등에 따라 적합한 모델을 선택할 수 있게 했다.

경기도의 시범사업은 주4.5일제, 격주 주4일제, 주35시간제 등 세 가지 모델로 운영된다. 시범사업은 3년 동안 한시적으로 진행되며 참여 대상은 5인 이상~300인 미만 중소기업이다. 경기도는 시범사업 기간 동안 경기도의 생활임금 수준을 기준으로 단축 시간에 비례해 임금을 지원한다. 실제로 이와 같은 지원사업은 아이슬란드나 스페인의 주4일제 사업과 유사하고, 고용노동부의 위라벨 지원사업 형태의 고용장려금 제도와 비슷하다. 경기도는 제도의 성공을 위해 기업 컨설팅이나 근태관리시스템 구축 지원도 병행할 예정이다.

직장인의 주4일제 인식과
'주4일제네트워크'의 활동

다양한 노동시간 정책은 사회적 논의가 필요한 영역이다. 따라서 정책에 대한 인식이나 지향을 살펴보는 것은 중요하다. 전 세계적으로 주4일제 논의가 확산되고 있는 시점이기에 한국도 이 문제를 진지하게 검토해 봐야 한다. 몇몇 국가에서는 주4일제와 관련한 인식 조사가 진행되었다. 독일의 '한스뵈클러재단Hans-Bockler-Stiftung'에서는 2022년 한 해 동안 전일제 정규직 노동자를 대상으로 온라인 설문조사를 실시했다.[°] 조사 결과 2575명의 응답자 중 80% 이상이 주4일제 근무를 원하지만, 대다수(응답자 중 약 73%)는 임금을 전액 보전하는 조건에서만 찬성한다고 응답했다. 또 8%는 임금이 감소하더라도 주4일제 도입을 찬성했고, 17%는 주4일제를 찬성하지 않았다.

한국에서도 여러 연구기관에서 주4일제 의견조사를 수행했다. 주4일제 인식조사 중 한국리서치와 일하는시민연구소의 발표자료가 표본의 대표성이나 방식에 있어서 신뢰도가 높은 편이다.[47] 한국리서치는 2021년 10월 국민 1000명을 대상으로, 일하는시민연구소는 2023년 9월(500명)과 2024년 8월(1000명)에 온라인으로 조사를 진행했다. 일하는시민연구

[°] 주4일제 근무를 찬성한 주된 이유(복수 응답 가능)로는 '자신을 위한 시간을 더 많이 갖기 위해'(96.51%), '가족과 더 많은 시간 보내기 위해'(88.89%), '취미, 스포츠, 봉사 활동에 더 많은 시간을 할애하기 위해'(87.38%), '업무량을 줄이고 싶어서'(74.79%)라는 응답이 상당한 비중을 차지했다. 반대로 주4일제를 찬성하지 않는 가장 큰 이유로는 '일을 즐기기 때문에'(85.83%), '작업 과정에 변화가 없을 것이라는 회의감이 들어서'(82.01%), '근로시간을 줄이면 현재의 작업량을 달성할 수 없어서'(76.6%), '현재 업무는 하루도 쉴 수 없는 업무라서'(68.94%), '경제적인 여유가 없어서'(51.16%), '동료가 휴무할 경우 대체해 업무를 수행해야 하기 때문에'(37.75%), '경력 및 직업 전문성 향상에 도움이 되지 않아서'(19.34%) 등이었다.

소가 외부 리서치 기관에 의뢰한 두 차례 조사는 주4일제에 대한 여러 시사점을 보여준다. 조사에 따르면, 주4일제 찬성 의견은 2023년 9월 61.4%에서 2024년 8월 63.2%로 1.8%p 증가했다. 2024년 조사에서 주4일제 찬성 의견은 고용 형태나 성별, 연령대, 산업별로 다양한 차이가 나타났다. 주4일제 찬성은 정규직이 64.5%였고, 비정규직은 55.3%였다. 여성(65.2%)이 남성(61.5%)보다 찬성 의견이 약간 높았으며, 연령대로는 20대가 74.2%로 가장 높았고 50대는 55.3%로 가장 낮았다. 보건복지업 직장인들은 69.5%가 찬성한 반면, 건설업에서는 47.7%만 찬성해 절반이 채 안 되었다.

2023년 주4일제 도입과 관련한 임금 동결 및 감소와 관련한 질문에서는 흥미로운 결과도 있었다. 직장인들은 주4일제를 도입할 경우 임금이 '동결'되거나 '감소'하더라도 기꺼이 선택하겠다는 의견이 적지 않았다. 임금이 감소하더라도 정규직은 39%, 비정규직은 36.1%가 찬성 의견을 표한 것이다. 주4일제 시범사업을 정부와 노사정이 추진할 경우 우선 시행해야 할 곳이 어디인지 방향성이 확인되기도 했다. 직장인들은 장시간 노동 같은 열악한 환경인 곳(60.2%), 산업재해 및 위험성이 상당한 곳(42.6%), 저임금 및 이직률이 높은 중소영세사업장(28.7%), 돌봄 및 사회서비스, 복지서비스 사업장

(20.5%)을 꼽았다.

　2024년 조사에서는 장시간 노동이나 연차휴가 관련 질문도 포함되었다. 법정연차휴가 확대, 1주 연장 근로 한도 규제, 1주 노동시간 단축 등 다양한 노동시간 정책에 대해 직장인 10명 중 7명이 긍정적인 의견을 나타냈다. 법정유급연차휴가는 현재 1년 이상 근무자가 15일을 사용할 수 있는데, 이를 20일 또는 25일로 확대하는 것에 대해 2023년 조사에서는 74.6%가, 2024년 조사에서는 74.3%가 찬성 의견을 내비쳤다. 그리고 현재 1주 12시간까지 가능한 연장 근로 상한(52시간)을 1주 8시간(48시간)으로 단축하는 것에 동의한다는 의견은 2023년 61.4%에서 2024년 66.6%로 증가했다. 1주 법정노동시간을 현행 40시간에서 35~36시간으로 단축하는 데 찬성한다는 의견 역시 2023년 62.4%에서 2024년 68.1%로 5.7%p 증가했다.

　한편, 2025년 2월 조사에서 "주4일제 도입으로 생긴 하루를 어떻게 보낼 것인지?"에 대해 물어본 결과 '부족한 잠이나 휴식 등 쉼에 할애할 것이다' 31.8%, '평소 하지 못했던 운동, 레저, 취미생활을 할 것이다' 18.7%, '가족이나 육아 및 돌봄에 활용할 것이다' 11.5%, '국내외 가고 싶은 곳으로 여행할 것이다' 11.1%, '독서나 산책 등 나만의 시간을 찾을 것이다'

8.7% 순으로 나타났다.[48]

　　이런 흐름에서 한국에서는 노동단체와 시민단체들이 중심이 되어 '주4일제네트워크4Day Week Network'를 출범했다. 주4일제네트워크는 2023년 하반기부터 토론회와 사전 준비 등을 거쳐 2024년 2월 29일 국회에서 공식 출범 행사를 가졌다. 참가자들은 미래의 노동 의제인 '과로 사회와 장시간 노동 해소, 노동시간 단축과 일과 삶의 균형·성평등·기후위기 대응'을 위한 주4일제네트워크 구성의 필요성을 인식하고, 각 단체들과 다양한 활동을 전개했다. 출범식 선언문에는 산업 전환과 기후위기 대응, 성평등·돌봄·교육·공동체 문제의 해결 등 삶의 전환을 위한 활동 목표를 명시했다.°

　　한국 사회의 많은 구성원은 장시간 노동에서 벗어나고, 일과 삶의 균형을 이루기 위해 주4일제 실현을 지향하고 있다. 주4일제네트워크는 전 세계적으로 미래의 노동 의제로 주목받고 있는 '새로운 노동시간 의제'(주4일제, 연결되지 않을 권리, 텔레워크)와 '기존 노동시간 의제'(장시간 노동, 연장 근로,

　°2019년 ILO에서 발간한 균형 있는 노동시간 편성을 위한 가이드에 따르면, 괜찮은 노동시간은 ①건강과 안전 촉진, ②기업의 생산성과 지속 가능성 증대, ③가족 친화적 특성을 지니며 일과 삶의 균형 개선, ④성평등 촉진, ⑤노동자 자신의 노동시간에 대한 일정한 선택 권한과 영향력 제공으로 제시되어 있다.[49]

연속 휴식, 야간 노동, 연차휴가, 5인 미만 사업장 등)를 함께 논의해 나가고 있다. 주4일제네트워크는 한국 사회에서 1년 365일, 1주 7일, 1일 24시간 노동을 근간으로 하는 자본주의 노동체제(24/7 경제의 노동시간 체제)의 변화를 촉진하는 데 목적을 두고 있다.

주4일제네트워크는 이를 위해 법제도화, 토론회, 기획 강좌, 설문조사, 해외 언론 동향 소개, 이슈페이퍼 발간, 강연과 교육 같은 다양한 활동을 펼치는 중이다.[50] 대표적으로 22대 국회의원 선거 당시 주4일제를 비롯해 장시간 노동 해소와 연차휴가 확대 같은 10개의 다양한 노동시간 정책의 법제도화 찬성 여부를 묻는 질의 결과를 발표하기도 했다(2024년 4월 1일). 또한 노사정, 학계, 시민단체와 함께 주4일제 도입을 둘러싼 토론회를 국회에서 열어 향후 쟁점과 방향을 모색하기도 했다(2024년 9월 9일).

앞으로 주4일제네트워크는 근로기준법을 개정하고 지원 정책을 통한 주4일제 도입을 이끄는 것을 핵심 과제로 추진할 예정이다. 이미 주4일제네트워크는 노동시간 단축형 주4일제와 함께 일주일 노동시간을 2027년 36시간, 2030년 32시간으로 줄이는 단계별 로드맵을 제시한 바 있다. 이 과정에서 한국 사회의 노동시간 정책을 총괄하는 가칭 '국가노동시간위원회'의 설립과 운영을 요구하고 있다. 더불어 산업과 업종, 지역, 개별 기업의 주4일제 도입을 촉진하기 위해 시범사업을 지원하는 법률을 제안하는 중이다. 2025년 4~5월 시행한 '장시간 노동 해소와 일과 삶의 균형을 위한 '주4일제' 도입에 관한 국민동의 청원 운동'은 첫 제도화 사업 중 하나로 볼 수 있다.[51]

6장

주4일제 법제도화 추진 과제와 숙제

마법의 해법 아닌, 정책실험

아이슬란드(2014~2019년)와 스페인(2022~2024년)에서 진행된 주4일제 실험은 전 세계에 영향을 미쳤다. 여러 국가, 지역, 개별 사업장에서 주4일제 시범사업이 추진된 것은 물론 이와 관련한 법률이나 조례가 제정되기도 했고, 정책적 지원이 이뤄지기도 하는 등 다양한 현상이 확인되었다. 대표적으로 벨기에는 노동법을 개정해 전 세계 최초로 주4일제 청구권을 시행했다. 그 밖에 영국을 비롯한 유럽 국가들의 지방정부에서도 자치법규를 개정해 주4일제 실험이나 지원 움직

임이 최근 몇 년 사이 확산되었다.

　미국, 일본, 한국에서는 노동시간 단축형 주4일제보다는 노동시간 유지형 또는 압축 노동 형태의 주4일제가 도입되고 있다. 한국은 서울시, 경기도, 충청남도 등 지방자치단체에서 '육아 돌봄' 대상자에 한한 정책을 발표하기도 했다. 이를테면, 4일은 출근하고 1일은 재택근무를 하도록 한 것이다. 일본도 유연 근로 형태의 주3일 휴무제를 국가 및 지방 공무원을 대상으로 추진하고 있다.

　해외 몇몇 국가의 사례를 보면 주4일제와 관련된 법률 제정은 주로 의회가 주도하고 있다는 것을 알 수 있다. 연방제 국가의 경우 각 주나 지역 의회에서 노동계약에 대한 직접 규제가 가능하다. 따라서 중앙과 지방정부의 주4일제 법제화 추진 과정을 살펴보는 것도 의미가 있다.

벨기에와 미국의
주4일제 법률·조례 지원

최초의 주4일제 법률 – 벨기에 청구권

　전 세계적으로 법률 개정을 통해 주4일제를 시행하고 있는 곳은 벨기에가 최초다. 벨기에는 법정노동시간(1주 38시간)을 유지하는 상태에서 노동자가 주4일 출근 형태를 청구할 수 있도록 했다. 벨기에의 주4일제 입법 취지는 일과 삶의 균형을 촉진해 노동자들의 더 나은 삶을 보장하고, 만약 자녀를 양육하는 경우라면 부모가 자녀와 더 많은 시간을 보낼 수 있도록 하기 위한 성격이 있다.°

법률은 2022년 10월 3일 개정(11월 10일 공표, 11월 21일 시행)되었으며, '노동과 관련된 다양한 규정을 포함한 법률 Loiportantdes Dispositions Diversesrelativesau Travail' 제5조 1항과 2항에 주4일제 관련 사항이 담겨 있다. 주요 내용은 주38시간의 법정노동시간을 유지하면서 주4일제를 희망하는 노동자는 1일 최대 9.5시간까지 근무 연장이 가능하도록 했다.

만약 정규 유효노동시간인 주38시간을 초과해 주40시간으로 늘릴 경우 '단체협약 및 노사대표위원회에 관한 법률 Loi du 5 Decembre 1968 sur les Conventions Collectives De Travail et les Commissions Paritaires'(1968년 12월 5일)의 적용을 받는다. 다시 말해 노사가 체결한 단체협약에 따라 주당 노동시간을 4로

° 벨기에는 주4일제 시행과 관련해 별도의 지원은 하고 있지 않지만, 2024년에 근로시간을 단축한 기업을 위해 마련된 사회보장 기여금을 환급(직원 1인당 400유로)해 주고 있다. 한편, 정부는 주4일제 실험과 관련된 새로운 프로그램을 평가할 연구팀으로 겐트대학교 연구팀을 선정했고 이를 재정적으로 지원하고 있다.

나눈 시간을 1일 노동시간으로 정하고 주4일 노동을 할 수 있는 것이다.°

벨기에의 모델은 '주4일 근무 요청 권리 보장'으로 볼 수 있고, 법률에서는 고용주가 거부할 경우 정당한 사유를 제시하도록 되어 있다. 이를테면, 노동시간 재조정을 위해 노동자가 고용주에게 주4일 근무를 요청하면 고용주는 한 달 이내에 답변해야 한다. 고용주와 노동자가 합의하면 6개월 동안 노동시간 재조정이 유효하며 갱신이 가능하다.

한편, 당시 벨기에 총리 알렉산더 드 크루Alexander De Croo는 이 변화가 벨기에의 노동시장 유연화와 일과 삶의 균형을 위한 방법이라고 입장을 밝혔다. 그는 새로운 모델이 더 역동적인 경제를 창출할 것이라고 언급하면서 "목표는 노동자와 회사에 업무시간을 조정할 수 있는 더 많은 자유를 주는 것"이라고 이야기했다. 그런데 기존보다 하루 더 일해야 하는 교대 근무자는 이와 같은 유연성을 선택하는 데 한계가 있어 비판을 받기도 했다.

° '노동 규칙에 관한 1965년 법률(Loi du 8 avril 1965 instituant les reglements de travail)' 제15조에 따라 노동 규정을 확인할 수 있는 장소에 비치해야 하며, 고용주는 해당 기간 종료일로부터 5년간 보관해야 한다.

자본주의 천국의 상상력 – 미국의 주32시간제 법률안

미국은 연방 상원과 하원에서 노동시간 단축형 주4일제 법안이 발의되었다. 주4일제 법안은 연방의회의 마크 타카노Mark Takano 하원의원이 2021년 처음 발의('Thirty-Two Hour Workweek Act')했지만 이후 회기 만료로 폐기되었고, 2023년에 재발의했다. 가장 최근에는 우리에게도 잘 알려진 버니 샌더스Bernie Sanders 의원이 2024년 연방 상원에서 발의했다('Thirty-Two Hour Workweek Act'). 이 법안은 이른바 미국 공정근로기준법FLSA 개정안(2024년 3월 14일)으로 주32시간제가 핵심이다.

샌더스의 법안에서 가장 논쟁이 되었던 부분은 "주32시간제 도입으로 임금 손실이 발생하지 않도록 한다"라는 내용이었다. 이는 정부의 예산 지원이나 세부적인 실행 방안을 고려하지 않은 원칙적인 규정으로 청문회와 언론에서 그 현실성을 두고 치열하게 공방이 이어졌다. 한 공청회에서 샌더스의 법안에 반대 의견을 피력한 빌 캐시디Bill Cassidy 상원의원은 "주32시간 근무를 의무화하면 기업에 최소 25%의 임금 인상이 필요하다"라고 주장했다. 반면 찬성 측 참고인으로 출석한 숀 페인Shawn Fain 전미자동차노조UAW 위원장은 "자동차 생산에서 인건비 비중은 8%밖에 되지 않는다"라고 말하며 샌

더스의 법안에 힘을 실어주었다.°

    샌더스의 법안은 4년 동안 순차적으로(매년 2시간씩) 노동시간을 단축하는 법안이다. 미국에서는 코로나19 팬데믹을 거치면서 IT기업이나 일부 지자체가 주4일제를 운영해 왔다. 이 영향으로 주4일제 법안이 이슈가 된 상황이었다. 이 법안은 자본주의 황금기라고 불리는 '포드주의Fordism'와 탈산업화 논쟁을 불러온 '포스트 포드주의Post-Fordism' 아래에서의 생산 방식과 노동 과정을 극복하기 위한 샌더스의 철학이 담겨 있다고 봐야 한다. 그는 노사 타협의 산물로 제정된 노동 관행 아래에서의 장시간 노동으로는 앞으로 지속 가능한 삶을 유지하기 어렵다고 전망했다.

°버니 샌더스 의원(미국 상원 건강·교육·노동·연금위원회 위원장)의 법안은 크게 세 가지를 규정하고 있다. 첫째, 현재 주40시간으로 규정되어 있는 공정근로기준법상 초과 근무 기준 시간을 매년 2시간씩 줄여 4년 뒤에는 주32시간으로 명시하고, 주32시간을 초과하는 노동시간에 대해 현재와 같은 1.5배의 초과 수당을 지급하도록 한다. 둘째, 주당 노동시간이 규정 이내라 하더라도, 하루 8시간을 초과해 노동할 경우 초과 시간에 대해 1.5배, 12시간이 초과할 때는 2배의 초과 수당을 지급한다. 셋째, 근로자의 급여와 복리후생을 보호하기 위해 근무시간 단축으로 인한 임금 손실이 발생하지 않는 것을 원칙으로 한다.[52]

미국 주의회와 웨일스의회의 주4일제 지원

지방정부나 의회 차원에서 주4일제를 시행하는 곳도 적지 않다. 일부에서는 지방정부와 의회가 공동으로 주4일제를 추진하기도 한다. 이를테면, 의회의 법안에 정부가 물적 지원이나 홍보, 연구조사 등을 추진할 수 있도록 하는 내용을 담고 있는 경우다. 특히 미국은 주의회 차원에서 행정부가 주4일제 도입과 평가, 파일럿 프로그램을 지원할 수 있도록 하는 법안들이 속속 발의되고 있다.

최근 3년 사이 미국 캘리포니아, 메사추세츠, 메릴랜드, 하와이 등 4개 주에서도 주4일제 관련 법안이 발의되었다. 대표적으로 매사추세츠 주에서는 주32시간제 도입을 위해 주정부가 2년간 광범위한 파일럿 프로그램을 운영하도록 하는 법안이 발의되었는데, 참여 기업에 한해서는 세금감면 등의 혜택을 주기로 했다. 메릴랜드 주에서도 30인 이상 사업장을 대상으로 주32시간제를 도입할 경우 세액공제 등의 혜택을 제공하기로 했다. 다만, 법안이 발의된 이후 행정부가 노동시간 단축 정책을 핵심 정책으로 추진하지 않아 지금까지 큰 진척은 없는 상태다.

한편, 웨일스의회는 스코틀랜드의 영향을 받아 주4일제 시범사업 추진을 위한 4가지 권고 사항과 8가지 기본 원칙을

미국 주의회의 '주4일제 지원 법안' 개요(2022~2024년)[53]

	메릴랜드 주	매사추세츠 주	캘리포니아 주
법률명(법안)	Our-Day Workweek Pilot Program and Income Tax Credit-Established 2(Four-Day Workweek Act of 2023), SENATE BILL 197	An Act relative to a Four-Day Work Week Pilot Program(January 25, 2024), No. 4279	AB 2932, as amended, Low. Employment: Workweek: Workweek: Hours and Overtime(February 18, 2022). ASSEMBLY BILL No. 2932
운영 목적	주4일제 도입 홍보, 장려, 지원 (급여·수당 유지).	주4일제를 통한 근무시간 단축 (급여 유지). 민간·공공 파일럿 프로그램 신청 가능.	주4일제를 통한 근무시간 단축 (급여 유지). 민간·공공 파일럿 프로그램 신청 가능.
주요 내용	민간 및 공공의 주4일 근무 실험 및 연구 예산 법안(25만 달러). 특정 세액공제.	프로그램 참여 홍보, 영향 연구, 시범 운영 진행 상황 공개. 의회 보고서 제출, 세액공제.	주 공정노동법률 개정 (1일 8시간 규정).
기타	최소 30명 이상 사업장 인터뷰 및 기타 정보 수집 협조. 최소 1년 동안 프로그램 참여.	설문조사, 인터뷰, 경제 데이터 및 기타 정보 제공. 파일럿 기간 2년 이상.	500명 이상 직원 사업장 적용 대상

정부에 제안했다. 주요 내용은 공공부문 시범사업이나 모범 사례에서 배우기, 유연한 접근과 이해당사자 및 관계자의 의견 청취, 분석 및 공정한 평가 등이다.° 웨일스의회는 주4일제 시범사업을 지원하기 위해 2023년부터 워킹그룹(4개의 실무 소그룹)을 꾸려 운영하고 있다. 주4일제 워킹그룹은 이해당사자 그룹과 주4일제 시범사업 지원과 관련한 합의 과정을 거쳤다.°°

주요 활동은 주4일제 시범 운영 기획, 위험 및 장벽 평가, 주4일제 타당성·적합성 및 수용 가능성에 대한 권장 사항 만들기 등이 핵심이다. 또 위원회는 주4일제가 일과 삶의 균형

° 2023년 1월 24일 웨일스의회 내 청원위원회가 웨일스 정부에 주4일제 시범사업의 실시를 권고하면서 주4일제에 대한 요구가 시작되었다. 웨일스의회 노동당 의원의 주도로 '주4일제 시행 청원' 관련 공청회가 진행되었는데, 주4일제 시범사업 시행과 지원에 관한 이야기가 오갔다.[54]

°° 실무 그룹의 의장은 레그 킬패트릭(웨일스 정부)이며 웨일스 정부, 산별 및 일반노조(UNISON, GMB, PCS), 의회(포위스, 플린트셔, 베일 오브 글러모건), 정부(웨일스 천연자원부), 하웰다대학 보건위원회, 벨린드레 NHS 트러스트의 대표가 참여하고 있다. 워킹그룹은 2023년부터 2024년까지 총 8차례 회의를 진행했다(회의일자: 2023년 4월 26일, 5월 26일, 7월 6일, 9월 28일, 11월 14일, 12월 15일, 2024년 1월 16일, 2월 22일).

개선, 생산성 향상, 탄소배출량 감소 등 노동자와 기업 모두에 이점을 가져올 수 있다는 의견을 다루기도 했다. 물론 주4일제에 참여하기 어려운 교대제 근무자 문제, 추가 비용 문제, 관리자 태도 문제 등 부정적 이슈도 함께 검토했다.

웨일스의회 주4일제 시범사업의
4가지 권고 사항과 8가지 기본 원칙[55]

4가지 권고 사항

1. 직원 수를 늘리지 않고도 생산성을 유지하거나 개선할 수 있는 공공부문의 대상 및 개별 영역에서 근로시간을 단축하는 시범사업을 개발한다.

2. 유사한 파일럿 프로그램을 운영했거나 참여한 조직과 연락해 그들의 경험과 모범 사례로부터 배운다.

3. 참여 조직은 직원들의 근무시간 단축 방식에 대한 유연한 접근, 과로를 피하고 실질적인 문제를 해결하기 위한 계획 개발, 노동조합 또는 직원 대표의 동의 확보 등 특정 기준을 충족해야 한다.

4. 파일럿 프로그램의 경제적·사회적·환경적 영향에 대한 분석을 포함해 파일럿 프로그램에 대한 공정한 평가를 보장한다.

8가지 기본 원칙

1. 파일럿 프로그램은 강요되어서는 안 되며, 고용주와 노동자가 자발적으로 만들어 낸 결과물이어야 한다.

2. 파일럿 프로그램은 고용주, 노동자, 노동조합 간의 협의와 협상의 산물이어야 하며, 완전한 사회적 파트너십을 통해 설계, 실행, 평가가 이뤄져야 한다.

3. 파일럿 프로그램은 노동자의 약관 및/또는 복지 자격을 위험에 빠뜨려서는 안 된다.

4. 파일럿 프로그램은 현지의 상황을 반영해 설계, 실행, 기간에 최대한의 보조성과 다양성을 허용해야 한다.

5. 파일럿 프로그램은 의도한 결과와 고용주와 노동자가 상호 합의한 기대치를 명확하게 설정해야 한다.

6. 파일럿 프로그램은 공정성과 형평성에 기반해야 하며 기존의 불평등을 고착화하거나 새로운 분열의 원인이 되어서는 안 된다.

7. 파일럿 프로그램은 노동자가 새로 확보된 근무 외 시간을 어떻게 보내야 하는지에 대해 의무화하거나 가정해서는 안 된다.

8. 파일럿 프로그램은 고용주와 노동자가 스스로 준비하고 대비할 수 있도록 해야 하고, 서비스 사용자 및 이해관계자와의 소통을 위해 필요한 충분한 사전 준비 기간 없이 시범 운영이 진행되어서는 안 된다.

주4일제 실험의 교훈

주4일제를 경제의 모든 부문에 적용할 수 있는 것은 아니다. 그리고 도입 과정에서 일부 산업은 다른 산업보다 더 많은 장벽에 직면할 수도 있다. 그럼에도 기술, 금융, ICT 및 소프트웨어 분야에서는 몇 년 안에 주4일제가 자리 잡을 수 있을 정도로 하나의 추세가 되어가고 있다. 따라서 정부는 이런 흐름에 발맞춰 노동시간 전환의 혜택이 사회의 모든 부문에 돌아갈 수 있도록 지원하고, 입법을 촉진하고, 연구를 수행하고, 이해관계자들과 소통하는 역할을 감당해야 한다.

돌이켜 보면 주5일제도 모든 산업에 하루아침에 도입된 것이 아니다. 대부분의 국가에서 수십 년에 걸친 과정이 필요했다. 한국에서도 2004년부터 시작된 주5일제는 경제 전반의 파급성을 고려해 단계적으로 도입해 8년이라는 시간이 필요했다. 공공기관과 대규모 사업장부터 시작해 종사자 규모에 따라 순차적으로 추진된 것이다. 물론 법률 시행 이전 노사 단체교섭을 통해 법률 제정을 촉진하는 등의 점진적 과정이 있긴 했다. 주4일제를 준비하는 과정에서도 우리는 이전의 경험을 떠올리며 다양한 문제를 검토해야 한다.

첫째, 주4일제 연구조사와 실험 속에서 사회경제적 효과

를 확인해야 한다. 새로운 사례 연구를 수행하기 전에 고려해
야 할 사항도 적지 않다. 주4일제가 인간 활동으로서의 일에
어떤 영향을 미치는지를 살피고, 노사 간의 논의나 지원 정책
등을 함께 고려해야 한다. 이를 위해 실험군과 대조군을 설정
하고, 표본의 대표성을 확보해야 하며, 시행 전후를 비교하는
연구가 반드시 진행되어야 한다.

- 주4일/32시간 근무제가 업무 관행, 일의 집단적 차원, 사회적
측면에 어떤 영향을 미치는가?
- 주4일/32시간 근무제가 일의 의미, 우리 삶에서 일의 위치에
대한 이해를 어떻게 재구성하는가?

둘째, 산업 및 일터 민주주의의 관점에서 '주4일/32시간
근무제' 시행을 좌우하는 의사결정이나 노사관계 메커니즘
을 확인해야 한다. 직원들이 의사결정 과정에 참여하지 않는
상황에서 실제 업무에 미치는 영향을 미리 예단할 수는 없다.
일터의 민주적 프로세스나 우리 사회에서 일의 역할에 미칠
수 있는 결과를 간과할 수 있기 때문이다. 따라서 노사 단체
협약 형태로 추진하는 국내외 실험 사례에서 다양한 시사점
을 찾아야 한다. 대표적으로 독일 적십자병원, 프랑스 파리교

통공사, 한국 세브란스병원 등의 사례가 있다.

셋째, 벨기에의 주4일제 청구권 같은 방법 외에도 노동시간 단축형 주4일제 법안에서 우리가 고민해야 할 숙제들이 있다. 미국의 주32시간 법안은 단계적 로드맵 형태로 제시되었고 아직 시행되지 않았다. 유럽의 일부 사례에서도 1일 9시간의 주36시간 근무를 경과 규정으로 두고, 최종적으로 32시간제를 목표로 하는 곳이 적지 않다. 아마도 사회경제적 파급효과를 고려한 것으로 보인다. 더불어 유럽이나 미국의 몇몇 주에서 발의한 주4일제 법안이나 권고안을 보면 공공과 민간의 세제 혜택이나 홍보 등의 지원 정책을 담고 있어 참고할 필요가 있다.

넷째, 한국에서 주4일제 법안을 도입하려면 근로기준법을 개정해야 하기에 노사정 논의를 비롯해 다양한 검토가 수반되어야 한다. 이른바 주4일제는 법정노동시간 단축형(주32시간제)으로 추진하되 산업과 사회경제적인 측면에서 연착륙할 수 있도록 단계적으로 도입하는 방안을 고려해야 한다. 프랑스나 웨일스의 사례를 볼 때 노동시간 단축의 종합적인 검토와 이행, 점검을 위해 이른바 '국가노동시간위원회Working Time Commission'를 설치하는 것도 좋은 방안이다. 이 과정에서 지방정부의 정책실험이나 산업 또는 개별 사업장에서 단체협약으로 시범사업을 하는 것은 좋은 사례가 될 것이다.

앞으로 한국은 주4일제가 노동자 개인이나 조직 모두에 어떤 도움이 되는지 면밀하게 조사해야 한다. 아울러 일하는 방식의 변화가 지속 가능한지, 노동자의 삶 그리고 서비스가 유기적으로 연계되고 있는지 같은 정책 목표를 설정해야 한다. 장시간 노동 같은 열악한 노동 현실 개선(이직률 감소), 노동자의 건강과 안전 확보(산재·과로 예방), 일과 삶의 균형을 통한 자기 모색(자기활동·학습교육 증대), 신규 일자리 창출 효과가 주4일제의 도입으로 어떻게 나타나는지 살펴야 하는 것이다. 이 외에도 지역사회와 공동체 활동에 대한 시간 투자, 기후위기와 탄소 대응 같은 과제도 함께 고민해야 한다.

통상 노동시간으로 간주되는 시간의 상당 부분은 휴일 휴가, 출산·육아·돌봄 휴가, 학습 기회와 소득 지원 같은 '복지시간Welfare Time'이라는 것을 상기해야 한다. 곧 주4일제 논의는 각 산업과 영역에서 노동자의 안녕과 건강을 위한 필요충분조건이라는 것과 사회적으로 필요한 지원을 국가가 해야 한다는 것을 전제로 한다. 이 과정에서 주32/36시간으로 노동시간을 단축하는 것은 '효과성' '실현 가능성' '보편성'이라는 세 가지 원칙을 중심으로 논의가 이뤄져야 한다.

앞서 이야기했듯 주4일제 방식은 하나가 아니다. 산업이나 사업장 특성에 맞게 다양한 형태를 운용할 수 있다. 과거 프랑스의 노동시간 단축 사례에서 알 수 있듯이 노동시간을 단축하고 고용을 창출한 사업장에 대해서는 정부 차원에서 지원하는 방안도 검토해야 한다. 노동시간 단축을 우려하는 이들이 있기에 이런 지원정책은 무척 중요하다. 특히 저임금 사업장에 대한 사회보험 및 교육 훈련, 돌봄 지원을 통해 소득 상실을 상쇄하는 정책을 마련하는 게 반드시 필요하다.

'국가노동시간위원회'가 설치된다면 '괜찮은 노동시간으로의 전환'을 위해 지속 가능한 노동의 제도적 토대를 갖추어 나가야 한다. 이 위원회는 주4일제 도입과 장시간 노동, 야간 노동 문제를 다루는, 노동시간 체제 전반을 위한 총괄 기구가 되어야 한다.

주4일제의 쟁점과 대안

노동시간 단축형 주4일제를 추진한다면 업무량과 노동 시간은 줄이지만 임금은 유지하는 방향으로 설계(80-80-100 모델)하는 것이 필요하다. 다만 교대제 사업장의 경우에는 불가피하게 인력을 충원해야 한다. 이런 곳은 노사가 논의를 통해 조율하는 과정을 거쳐야 한다. 근로기준법이 개정되기까지는 정치환경적 요인이 중요하기 때문에 우선 과도기적으로 산업이나 개별 사업장 또는 지역 차원에서 실험에 참여해 보는 것은 나름 의미가 있다. 과거에도 노동이사제나 상병수당 같은 정책이 도입되는 과정에서 지자체의 실험이 중요한 역할을 한 바 있다.

주4일제 실험 이후 본격적으로 시행에 돌입할 때는 선결해야 할 문제가 있다. 노동시장 이중구조화 문제, 노동 격차 문제, 특수고용·플랫폼 노동자·프리랜서 등 비임금 노동자 문제, 육아돌봄이 고착화되는 문제 들이다. 이런 문제들은 사회적 논의를 거쳐 대안을 찾으려는 노력을 통해 해결해야 한다. 한국의 불평등한 노동시간 구조는 '단시간 – 저소득 유형' '장시간 – 중위소득 유형' '표준시간 – 고소득 유형'으로 계층화되어 있다. 저소득층의 경우 소득이 부족해 기본 필수재나 서비스 구매 능력이 떨어져 이를 위한 무급노동 시간이 증가하고 추가 소득을 위한 유급노동 시간은 부족해지는 현상을 보인다. 주4일제 논의가 '노동시간 재구조화Organization of Working Time'와 맞물려 있는 이유다.

주4일제 시행 과정에서 '최소 생활 노동시간 보장'을 통해 소득 지원을 병행하는 방안도 고려해볼 만하다. 주4일제 실험이 임금 삭감 없는 형태로 추진되어야 하는 것은 향후 이

제도가 보편화되는 과정에서 저소득층의 임금 감소로 인한 양극화 문제를 보완하기 위해서다. 따라서 저소득층이나 단시간 노동자에게 최소 노동시간을 보장함으로써 소득을 상승시키는 정책을 병행해야 하는 것이다. 최근 독일이나 영국의 주4일제 논의에서도 시간제 노동자들의 노동시간 보장 논의가 활발하게 이뤄지고 있다. 프랑스 민주노조CFDT가 주장하는 주당 최소 24시간 근무 요구도 노동자를 단시간만 활용하는 것과 저소득 문제를 해결하려는 정책과 맞물려 있다.

　이런 상황이 만들어지면 청년들이 과도한 경쟁 속에서 소수 대기업 일자리를 놓고 '의자 빼앗기 싸움'을 벌이는 게 아니라 '추가 의자 놓기' 같은 다른 방편이 작동하게 된다. 이를 위한 시간 정책을 설계하자는 것이다. 곧 주4일제가 노동시장 격차와 지역 간 소득 불균형 문제 앞에서 어떻게 작동되는지 살펴볼 수 있을 것이다. 이와 함께 개인의 역량을 높이고, 학습을 지원하는 정책이 같이 수립되어야 한다. 자기활동·자기개발계좌제 같은 정책을 도입해 노동자가 직무 능력을 향상시킬 수 있는 시간과 기회를 제공하는 것이다. 프랑스처럼 일정 연령이 되면 누구나 자기활동·자기개발계좌제를 통해 개인의 역량을 개발하고 직업을 가질 수 있도록 정부가 교육 훈련을 지원해야 한다.

주4일제는 단순히 소수의 임금 노동자만을 위한 게 아니다. 노동자들의 생활 방식 전체를 바꿈으로써 정책의 상상력과 지평을 넓히기 위한 시작점이다. 가장 먼저 주4일제 실험으로 생산 과정과 노동자의 생활 방식, 노동자의 사회적 관계에 어떤 변화가 있는지 연구해야 한다. 프리랜서의 경우도 마찬가지다. 일의 시작과 끝을 주5일 기준으로 산정하는 게 아니라, 충분한 휴식과 여가의 권리를 보장하면서 업무와 일을 조화롭게 병행할 수 있도록 주4일을 기준으로 마감 기간을 설정하도록 변화를 만들어야 한다.

전 세계적으로 이슈가 되고 있는 플랫폼 노동의 단가 산정에 있어서도 1일 8시간 기준으로 단가를 산정할 것인지, 1일 6시간 기준으로 산정할 것인지는 큰 차이가 있다. 산업혁명 이전의 '선대제 수공업 방식Putting Out System'과 유사한 형태의 계약 기준도 이제는 달라져야 한다. 낡은 사회계약을 떨구고 새로운 사회계약으로 전환해야 한다. 시간급(또는 단가)의 표준을 주4일 기준으로 바꾸자는 논의도 일고 있다. 최근 뉴욕 배달 라이더의 최소 보수 기준이나 유급병가의 시급 반영 사례가 대표적일 것이다.

주4일제 논의 과정에서 중소 영세사업장, 고용 형태, 노동시간 길이에 따른 양극화 문제는 학계나 일부 노동단체, 활

동가들이 우려를 제기하는 지점이다. 따라서 이후 개편하는 노동시간 정책은 장시간 노동 해소와 연차휴가 확대, 특수 고용·플랫폼 노동자 같은 노동 취약 집단의 노동시간 축소 문제들을 포괄하는 정책으로 나아가야 한다. 일부 사람들이 검토나 대안 없이 경영계와 동일한 시각으로 시기상조론, 반대론을 언급하는 것은 '노동의 탈상품화'를 추구하는 국가의 역할을 간과하는 것이다.

주4일제 논의나 실험에서 노동조건의 개선이나 일과 삶의 균형, 사업장의 효과성 말고도 주목해야 하는 지점이 또 있다. 바로 성평등한 노동과 기후위기 대응과 관련한 문제다. 주4일제에 따른 노동시간 단축은 노동자에게 자기계발 시간을 안겨줄 뿐 아니라 일과 삶의 균형을 이루게 하는 본원적 요구다. 한국의 주4일제 논의는 아직 빈약하고, 토론의 깊이는 낮다. 납작한 노동시간의 틀에서 벗어나 혜안을 가지고 정책의 상상력을 넓혀야 할 때다.

노동시간 단축의 역사와
ILO 노동시간 협약 및 권고

국제노동기구 출범 이전(노동시간 단축 법제도 논의의 흐름)

1784년　1일 10시간 상한제 의회 제출(기각) – 영국

1802년　제1차 공장법 제정 – 영국

1815년　1일 10시간 규제 운동 제정 – 영국

1819년·1825년　제2차 공장법 제정(미시행) – 영국

1831년·1833년　제3차 공장법 제정

　　　①방직공장 21세 이하 노동자 야간 노동 금지

②18세 이하 노동자 12시간 이상 노동 금지

1840년   1일 8시간 노동 관철을 위한 총파업 실시 – 뉴질랜드

1841년   탄광 노동 시 연소노동자 노동시간 제한 – 프랑스

1842년   12세 이하 아동의 1일 10시간 노동 제한 – 미국

1844년   제4차 공장법 제정

(1일 성인 12시간, 연소자 6.5시간 노동 제한)

1850년   제5차 공장법 제정(여성과 연소자의 노동 허용시간 규정)

①평일: 오전 6시부터 오후 6시까지

②토요일: 오전 6시부터 오후 2시까지

1868년   연방 노동자 1일 8시간 원칙 수립 – 미국

1869년   영업법을 통한 노동시간 규제 – 독일

1899년   공공부문 1일 8시간 원칙 법률 시행 – 푸에르토리코

1916년   모든 노동자 1일 8시간 원칙 법률 시행 – 호주

1917년   1일 8시간 명령 시행 – 러시아

1919년   모든 노동자 1일 8시간 원칙 법률 시행 – 스페인

국제노동기구 출범 이후(노동시간 협약과 권고 흐름)

1919년   제1호 노동시간(공업) 협약

– 1일 8시간, 1주 48시간 제한

1921년   제14호 주휴일(공업) 협약

－7일 단위로 24시간의 연속 휴식 부여

1930년   제30호 노동시간(상업 및 사무직) 협약

－노동시간 정의 규정 도입

1935년   제47호 주40시간 협약

－1주 40시간 제한

1936년   제52호 연차유급휴가 협약

－1년 계속 근로에 대한 6일의 유급휴가

1954년   제98호 연차유급휴가 권고

－1년 계속 근로에 대한 2주 이상의 유급휴가

1957년   제106호 주휴일(상업 및 사무직) 협약

－상업 및 사무직에 대한 1일 8시간, 1주 40시간 제한

1962년   제116호 노동시간 단축 권고

－노동시간 단축에 대한 국가의 노력 의무 규정

1970년   제132호 연차유급휴가(개정) 협약

－1년 계속 근로에 대한 3주 이상의 유급휴가

1979년   제153호 노동시간과 휴식(도로운송) 협약

－도로운송업에 대한 11시간 연속 휴식

1994년   제175호 단시간 근로 협약

－단시간 근로에 대한 휴가·휴일 연속 부여

2019년   괜찮은 노동시간Decent Working Time 및 가이드 발표

벨기에의 주4일제 법률과
미국의 주32시간제 법률안

벨기에 주4일제 법률-주4일 근무 청구권	
노동과 관련된 다양한 규정(2022년 10월 3일 법률)[56]	
원문	번역문
Art. 5, 1 Le règlement de travail, peut autoriser que la limite quotidienne de la durée du travail d'un travailleur à temps plein soit portée à 9 heures et demie s'il effectue ses prestations normales à temps plein durant quatre jours par semaine.	**제5조 제1항 전단** 노동규정에 따라 정규직 노동자가 주4일 노동을 하는 경우 정규직 노동자의 일일 노동시간 제한을 9시간 30분까지 늘릴 수 있다.

미국 주4일제 법률-버니 샌더스의 주32시간제 법안

공정근로기준법 개정안(2023년 4월 14일 법률 발의)[57]

원문	번역문
A BILL To amend the Fair Labor Standards Act of 1938 to reduce the standard workweek from 40 hours per week to 32 hours per week, and for other purposes. (A) for a workweek longer than thirty-eight hours during the 1-year period beginning not less than 180 days after the date of the enactment of the Thirty-Two Hour Workweek Act, (B) for a workweek longer than thirty-six hours during the second year after the first day of such period, (C) for a workweek longer than thirty-four hours during the third year after the first day of such period, or (D) for a workweek longer than thirty-two hours after the expiration of the third year after the first day of such period.	**법안** 공정근로기준법(1938년)을 개정해 표준 1주 근무시간을 40시간에서 32시간으로 줄이는 것 및 그 밖의 목적을 위한 법안(주32시간근무법) (A) '주32시간근무법' 제정일로부터 180일 이상 지난 후에 개시되는 1년의 기간 중 1주 근무시간이 38시간을 초과 (B) 위 기간의 초일 후 2년 차에는 1주 근무시간이 36시간을 초과 (C) 위 기간의 초일 후 3년 차에는 1주 근무시간이 34시간을 초과 (D) 위 기간의 초일 후 3년 차 만료 시에는 1주 근무시간이 32시간을 초과

한국 주4일제네트워크 출범 선언문

오늘 우리는 인류가 지속 가능한 사회와 노동을 위한 해답을 얻고자 이 자리에 모였다.

자본주의 경제는 1년 365일, 1일 24시간, 1주 7일 노동을 '정상'으로 인식한다. 산업혁명 초기 아무런 보호도 받지 못한 채 장시간 노동의 굴레에 놓였던 시기에는 노동을 상품화해 착취를 발판 삼아 자본이 형성되었다.

1주 5일 혹은 6일 일하는 노동체제에서 벗어나지 못한다면 장시간 노동과 압축 노동 문제를 해결하지 못한다. 세계보건기구

WHO는 장시간 노동이 건강에 치명적인 영향을 끼칠 수 있고 은퇴 이후에도 조기 사망의 원인으로까지 예측한다.

국제노동기구ILO는 "과도한 장시간 노동은 노동자와 기업 모두에 심각한 결과를 초래할 수 있다. 노동자의 수면과 생체리듬, 가정생활이나 사회생활을 어지럽혀 피로를 쌓고, 기분, 건강과 안전, 작업 성과에 부정적 영향을 미친다"라고 지적한다.

우리는 1953년 근로기준법 제정 이후 ILO의 주40시간 협약을 제외하고 연장 근로나 야간 노동은 물론 연차휴가 및 유급병가 등 국제기준에 부합하는 것이 하나도 없다. 이제는 인간의 존엄성까지 빼앗는 공장법 시대의 일하는 방식과 불평등한 노동시간에서 벗어나야 한다.

노동시간 단축은 노동의 역사와 맥을 같이한다. 산업화 이후 그어떤 나라에서도 노동시간 단축이 하루아침에 이루어진 것은 아니다. 1919년 국제노동기구의 1호 협약은 '하루 8시간 노동'이었고, 유럽연합EU은 1993년 '건강 및 안전 조치의 일환'으로 '주35시간제'를 채택했다.

이제는 일의 '필요 영역'과 '자유 영역'을 구분하고 노동체제를 전환해야 한다. 노동시간 단축을 통해 일터의 산업재해와 장시간 노동에서 벗어나고, 일과 삶의 균형·성평등한 사회와 일터를 실현해야 한다. 또 기후위기에 대응하기 위해서라도 주4일제 논의를 시작해야 한다.

이미 국내외에서 진행된 다양한 형태의 주4일제 실험에서 긍정성이 확인되고 있다. 이제는 산업화 시기 파괴적 성장의 한계를 극복하고, 지속 가능한 사회를 위해서라도 시간의 정치가 필요한 시점이다. 산업구조와 일하는 방식이 변화하고 있다면 '사회적으로 달성해야 할 기준'의 노동시간 체제도 달라져야 한다.

탄소배출 문제와 맞물린 정의로운 전환의 핵심 중 하나도 노동시간 단축이다. 초고령화 시기 평생학습 사회를 준비해야 하는 시점에서 생애주기 노동시간도 모색해야 한다. 주4일제로 주어진 하루 8시간 노동은 돌봄과 성평등 그리고 지역 커뮤니티와 공동체 활성화의 촉매가 된다.

"4일만 일하면 경제는 어떻게"라는 사고와 "3일의 휴식과 재충전이 필요해"라는 접근은 서로 다른 철학과 가치관에서 출발한다. 이제는 일이 삶을 압도한 사회에서 벗어나, 일과 삶이 조화를 이루는 사회를 모색해야 한다.

2024년 2월 29일

'주4일제네트워크' 출범식 참여자 일동

1. https://www.independent.co.uk/news/uk/home-news/labour-govern ment-commons-bootle-research-b2713178.html.

2. 고혜진·정해식, 〈근로시간 단축과 삶의 만족: 주40시간 근로제와 주52시간 근로상한제 도입의 효과〉, 《보건사회연구》 제43권 제2호, 한국보건사회연구원, 2023, 7～28쪽.

3. 손연정·윤자영 외, 〈근로시간 관련 통계 및 근로시간 단축제효과에 관한 분석〉, 한국노동연구원, 2019.

4. 김종숙·조문경, 〈법정근로시간 단축의 여성고용효과〉, 《여성경제연구》 11(1), 2014, 109～140쪽.

5. 박우람·박윤수, 〈근로시간과 생산성에 관한 연구: 제조업을 중심으로〉, 《KDI 정책연구시리즈》, KDI, 2015, 1~99쪽.

6. 위의 논문.

7. Cohen, E.(2018), "The Political Value of Time". Cambridge University Press.

8. Bick, A., Fuchs-Schündeln, N., and Lagakos, D.(2018), "How do hours worked vary with income? Cross-country evidence and implication", *American Economic Review*, 108(1), pp. 170~199.

9. 노혜진, 〈시간빈곤과 시간불평등의 의미와 실태〉,《복지동향》2017년 7월 호, 참여연대, 2017; 노혜진·박나리, 〈20년간 한국사회의 노동시간 변화: 노동시간, 시간빈곤, 시간불평등을 중심으로〉,《사회보장연구》제38권 제3호, 한국사회보장학회, 2022, 291~326쪽.

10. https://ourworldindata.org/working-more-than-ever(접속: 2024년 8월 30일).

11. https://www.sciencedirect.com/science/article/pii/S0160412021002-208(접속: 2024년 12월 22일).

12. Hall PA, Soskice D.(2001), "Varieties of Capitalism: The Institutional Foundations of Comparative Advantage", Oxford University Press.

13. https://www.mind.eu.com/semaine-de-quatre-jours-les-experi mentations-se-multiplient-un-peu-partout-dans-le-monde.

14. Cuello, H.(2023), "Assessing the validity of four-day week pilots". Seville: European Commission.

15. Francisca Mullens, Ignace Glorieux(2024), "Reducing working hours: shorter days or fewer days per week? Insights from a 30-hour workweek experiment Get access Arrow", *Cambridge Journal of Economics*, Volume 48, Issue1, January 2024, pp. 41~68; Sng, M., Khor, W., Oide, T., Suchar, S. C., & Tan, B. C.(2021), "Effectiveness of a Four-days/Eight Hour Work"; Delaney, H. and Casey, C.(2021), "The promise of a four-day week? A critical appraisal of a management led initiative", *Employee Relations: The International Journal*, vol. 44, no. 1: 이승윤·김은별, 〈주4일제 도입에 대한 비판적 고찰〉,《한국사회정책》제30권 제3호, 한국사회정책학회, 2023, 115~140쪽.

16. Guðmundur D. Haraldsson Jack Kellam(2021), "Going Public: Ice land's journey to a shorter working week", *The Autonomy Institute*,

Rowhill Road, London.

17. Ana García Alcolea et al(2023), Experiencia piloto sobre la jornada de 4 días desarrollada en València, Informe de evaluación, Septiembre 2023. Missons València 2030.

18. 이주희, 《과로사 예방 관련 법률안 입법공청회 자료집》, 국회환경노동위원회, 2023.

19. Brendan Burchell, David Spencer, Simon Deakin, Jill Rubery, "Lessons from the four-day week: Reducing working time in the digital transformation of work", *Policy Brief*, Digital Futures at Work Research Centre, 2024.

20. 이 내용은 〈Guðmundur D. Haraldsson Jack Kellam, "Going Public: Iceland's journey to a shorter working week", June, 2021〉를 토대로 작성했다.

21. Guðmundur D. Haraldsson, Jack Kellam, "On firmer ground: Iceland's ongoing experience of shorter working weeks", *The Autonomy Institute*, Rowhill Road, London, 2024.

22. 이 내용은 2023년 10월 스페인 발렌시아의 주4일제 실험 보고서(〈Experiencia piloto sobre la jornada de 4 días desaollada en Valencia〉) 내용을 토대로 작성했다.

23. 프랑스 리옹의 자료는 김종진·김상배(2024b)를 토대로 작성했으며, 세부 내용은 2023년 리옹시 보도자료를 참고하면 된다(https://www.grandlyon.com/fileadmin/user_upload/media/pdf/espace-presse/cp/2024/20240625_cp_semaine-4jours.pdf).

24. 이 내용은 영국 사우스케임브리지셔 디스트릭트 의회 상임위 보고서(〈South Cambs Hall at South Cambridgeshire Hall on Monday, 15 July 2024〉)를 참고했다.

25. 미국 주4일제 사례는 김종진·신재열·양호경(2024d)의 내용을 토대로 정리한 것이다.

26. 이 내용은 미국 워싱턴 주 산후안의 주4일제 보고서(〈32-HOUR WORK

WEEK-SIX-MONTH CHECK-IN REPORT, 2024〉)를 참고했다.

27. 이 내용은 미국 골든시의 주4일제 보고서(〈Compressed Workweek 6-Month Check-In Raw Data, 2024〉)를 참고했다.

28. 주요 내용은 지역 언론 〈덴버7〉에서 확인할 수 있다(https://www.denver7.com/follow-up/golden-pd-reports-stronger-morale-better-community-engagement-one-year-into-4-day-workweek-trial).

29. 세부 내용은 〈덴버포스트〉에서 확인할 수 있다(https://www.denverpost.com/2024/02/20/four-day-week-golden-police-results-productivity-response-times).

30. 이 내용은 포르투갈 주4일제 실험 보고서(〈Pedro Gomes·Rita Fontinha, "Four-Day Week: Results from Portuguese Trial Final Report", July 2024〉)를 참고했다.

31. 이 내용은 김종진·김상배·윤태영·인정(2024c)을 토대로 작성했다.

32. 이 글은 독일의 '주4일제 파일럿 스터디 중간 보고서'(〈4Day Global, "The 4Day Week in Germany: A Glimpse into the Engine Room", Mid Trial Report 4Day Week Pilot Study Gemany, 2024〉)를 요약한 것이다.

33. 이 내용은 김종진·김상배·윤태영·인정(2024c)을 토대로 작성했다.

34. https://officieldelafranchise.fr/ldlc-la-semaine-de-4-jours-a-change-la-vie-de-nos-salaries.

35. https://corporate.lidl.fr/espace-presse/communiques-de-presse/2024/negociations-annuelles-obligatoires-lidl-confirme-un-dialogue-social-de-qualite-avec-les-organisations-syndicales.

36. 이 내용은 김종진·김상배·윤태영·인정(2024c)을 토대로 작성했다.

37. Vier-Tage-Woche beim DRK in Sangerhausen Interview zum Start des Tarifvertrages, "Modellprojekt 36/4".

38. "Vier-Tage-Woche-Flächendeckendes Konzept bald auch in SH?", 북부독일방송(NDR) 홈페이지 기사(2023년 3월 13일). https://www.ndr.de/nachrichten/schleswig-holstein/Vier-Tage-Woche-

Flaechendeckendes-Konzept-bald-auch-in-SH,viertagewoche102.
html에 실린 주요 내용을 정리한 것이다.

39. 〈Mehr Fortschritt Wagen. Bündniss für Freiheit, Gerechtigkeitm
und Nachhaltigkeit〉(더 많은 진보의 추구, 자유, 정의 지속 가능성을
위한 동맹), Koalitionsvertrag 2021~2025(독일 신호등 연정 합의문
2021~2025), 53쪽.

40. 이 내용은 김종진·김상배·윤태영·인정(2024c)을 토대로 작성했다.

41. 해당 기업 사례는 관련 기사(https://4dayweek.io/company/iih-nordic
/jobs, https://www.strategy.rest/?p=3756, https://www.cbs.dk/
en/alumni/news/implementing-a-four-day-workweek-without-
wage-cuts, https://www.learningbank.io/customers/iihnordic,
https://digitalcareer.dk/the-4-day-work-week-has-arrived, https://
iihnordic.com/4-day-work-week)를 참고하면 된다.

42. 해당 기업 사례는 관련 기사(https://dm.dk/akademikerbladet/aktuelt
/2023/november/han-kaemper-for-en-4-dages-arbejdsuge-der-
er-noget-galt-med-vores-arbejdsliv, https://4.dk/historie, https://
www.abtion.com/artikler/4-dages-arbejdsuge, https://english.
ida.dk/every-friday-off-here-employees-work-less-but-more-
efficiently, https://www.youandx.com/en/products/the-secret-
behind-the-4-day-work-week)를 참고하면 된다.

43. https://www.thenewdaily.com.au/work/2023/05/22/bunnings-four-
day-work-week.

44. https://www.thenewdaily.com.au/work/2024/05/16/four-day-work-
week-woolworths.

45. 이 내용은 김종진·권혜원·윤자호(2023), 김종진·권혜원·이다은(2024)
을 토대로 작성했다.

46. 코아드의 주4일제 사례는 2023년 10월 〈경기도 주4.5일제 공청회〉(2023
년 10월 2일)의 회사 발표자료를 토대로 재구성했다.

47. 주4일제네트워크, 〈직장인 1000명, 노동시간 및 주4일제 인식조사 결과〉

보도자료, 2024년 9월 1일.

48. 주4일제네트워크가 2025년 직장인 1000명을 대상으로 한 노동시간 및 주4일제 인식조사 결과(https://www.4daynet.co.kr/33/?q=YToxOntz OjEyOiJrZXl3b3JkX3R5cGUiO3M6Mzoi YWxsIjt9&bmode=view&idx =157331320&t=board).

49. ILO, 〈노동시간과 일의 미래Working Time and the Future of Work〉, 2019.

50. 주4일제네트워크의 활동은 누리집(https://www.4daynet.co.kr/)에서 자세히 확인할 수 있다.

51. https://petitions.assembly.go.kr/proceed/registered/310C71FED3080 D4FE064B49691C6967B.

52. 미국 상원의 주32시간 공청회 내용은 https://youtu.be/DucmbScSbp8? si=mE1npv8YrE1ocHjh에서 확인할 수 있다.

53. 미국 각 주별 의회 사이트 법률 내용 정리(https://workfour.org/policy- developments).

54. 관련 내용은 영상 https://www.senedd.tv/Meeting/Archive/aec58c43- 2002-4543-8316-c55d7c819c5a?autostart=True#의 16분 41초에서 확인할 수 있다.

55. Welsh Parliament Petitions Committee의 "The Future Generations Commissioner" 내부 자료(2023년)를 통해 재구성.

56. 2022년 법률 개정(https://www.ejustice.just.fgov.be/cgi_loi/change_lg .pl?language=fr&la=F&cn=1971031602&table_name=loi), 2023년 법률 시행(https://etaamb.openjustice.be/fr/loi-du-03-octobre-2022_ n2022206360.html).

57. https://uscode.house.gov/view.xhtml?req=(title:29%20section :207%20edition:prelim.

고혜진·정해식,〈근로시간 단축과 삶의 만족: 주40시간 근로제와 주52시간 근로상한제 도입의 효과〉,《보건사회연구》제43권 제2호, 한국보건사회연구원, 2023.

김종숙·조문경,〈법정근로시간 단축의 여성고용효과〉,《여성경제연구》11(1), 2014.

김종진·권혜원·윤자호,〈주4일제 실제 사례에서 배우기, 세브란스 실험〉,《이슈와쟁점》제19호, 일하는시민연구소·유니온센터, 2023.

김종진·권혜원·이다은,〈세브란스병원 주4일제 실험 1년, 성과와 향후 과제〉,《이슈와쟁점》제34호, 일하는시민연구소·유니온센터, 2024.

김종진,〈주4일제와 노동시간 단축의 다양한 모델들: 시간의 정치를 향한 실험〉,《KLSI 이슈페이퍼》제160호, 한국노동사회연구소, 2021.

김종진,〈윤석열 정부의 장시간·유연노동시간 정책 문제점과 대응 과제〉,《윤석열 정부 노동시간 유연화 정책 비판과 대안》, 한국노총·민주노총, 2022.

김종진, 〈시간의 정치1-주4일제 도입 인식과 지향: 직장인 주4일제 의견조사 결과 분석〉, 《이슈와쟁점》 제18호, 일하는시민연구소·유니온센터, 2023.

김종진, 〈시간의 정치1-주4일제 실제 사례에서 배우기, 세브란스 실험: 교대제 병동 간호사 근무형태 시행 전후 변화와 효과성〉, 《이슈와쟁점》 제19호, 일하는시민연구소·유니온센터, 2023.

김종진, 〈시간의 정치3-장시간 노동과 연차휴가 활용 실태: 장시간 노동, 프리젠티즘, 휴가 활용 실태 조사결과〉, 《이슈와쟁점》 제20호, 일하는시민연구소·유니온센터, 2023.

김종진, 〈주4일제 기획1-주4일제 법제도화 비판과 대안의 궤적 사이〉, 《이슈와쟁점》 제42호, 일하는시민연구소·유니온센터, 2024.

김종진, 〈주4일제 기획5-해외 주4일제 실험, 법제도 추진 과정의 교훈: 노동시간 단축 실험, 법률, 지원의 함의〉, 《이슈와쟁점》 제46호, 일하는시민연구소·유니온센터, 2024.

김종진·김상배, 〈주4일제 기획2-해외 지방정부 주4일제 실험 경험과 특징: 스페인, 프랑스, 영국 경험〉, 《이슈와쟁점》 제43호, 일하는시민연구소·유니온센터, 2024.

김종진·김상배·윤태영·인정, 〈주4일제 기획3-해외 다양한 주4일제 실험 사례와 추진 과정: 대규모 프로젝트와 개별 사업장 사례〉, 《이슈와쟁점》 제44호, 일하는시민연구소·유니온센터, 2024.

김종진·신재열·양호경, 〈주4일제 기획4-해외 공무원 주4일제 경험과 추진 과정: 미국, 일본의 주4일제 시행 방식의 차이와 특징〉, 《이슈와쟁점》 제45호, 일하는시민연구소·유니온센터, 2024.

노혜진, 〈시간빈곤과 시간불평등의 의미와 실태〉, 《복지동향》 2017년 7월호, 참여연대, 2017.

노혜진·박나리, 〈20년간 한국사회의 노동시간 변화: 노동시간, 시간빈곤, 시간불평등을 중심으로〉, 《사회보장연구》 제38권 제3호. 한국사회보장학회, 2022.

박우람·박윤수, 〈근로시간과 생산성에 관한 연구: 제조업을 중심으로〉, 《KDI 정책연구시리즈》, KDI, 2015.

신영민, 〈한국 노동자의 노동시간 배열 유형과 결정요인에 대한 연구〉,《노동 정책연구》제18권 제1호, 한국노동연구원, 2018.

손연정·윤자영 외, 〈근로시간 관련 통계 및 근로시간 단축제효과에 관한 분 석〉, 한국노동연구원, 2019.

안나 쿠트·에이단 하퍼·알피 스털링,《주4일 노동이 답이다》, 호밀밭, 2022.

알렉스 수정 김 방,《쇼터: 하루 4시간만 일하는 시대가 온다》, 더퀘스트, 2020.

카일 루이스·윌 스트런지,《오버타임》, 시프, 2021.

이승윤·김은별, 〈주4일제 도입에 대한 비판적 고찰〉,《한국사회정책》제30권 제3호, 한국사회정책학회, 2023.

이주희,《과로사 예방 관련 법률안 입법공청회 자료집》, 국회환경노동위원회, 2023.

케이시 윅스,《우리는 왜 이렇게 오래, 열심히 일하는가?》, 동녘, 2016.

조규준, 〈국내 주4일제 시행 한계와 기업 성과 사례 검토〉,《주4일제, 어떻게 도입할 것인가?: 국내외 논의 사례 및 노사관계 과제 검토》, 일하는시민연 구소·프리드리히에버트재단, 2023.

황규성, 〈한국노동시간 체제의 성격 변화〉,《노동정책연구》제22권 제3호, 한 국노동연구원, 2022.

황선웅, 〈노동시간 단축의 사회경제적 효과〉,《일과 삶 균형 위한 노동시간 체 제 전환-주4일제, 어떻게 도입한 것인가?》, 국회 환경노동위원회·주4일 제네트워크, 2024.

조규준, 〈주4일 근로제 시행의 한계와 성과〉,《노동정책리뷰》2023년 10월호, 한국노동연구원, 2023.

테레사 뷔커,《시간을 잃어버린 사람들》, 윈더박스, 2023.

피에르 라루튀르·도미니크 메다,《주4일 근무시대: 노동시간 단축, 더 이상 불가능한 상상이 아니다》, 율리시즈, 2018.

Berhuet S. et al.(2014), "Semaine en 4 jours, horaires flexibles: des formules qui séduisent, mais dont les avantages pour l'ensemble des salariés restent à démontrer", *Sourcing Crédoc*, N°Sou2023-4924,

Crédoc.

Bick, A., Fuchs-Schündeln, N., and Lagakos, D.(2018), "How do hours worked vary with income? Cross-country evidence and implication", *American Economic Review*, 108(1), pp. 170~199.

Brendan Burchell, David Spencer, Simon Deakin, Jill Rubery(2024), "Lessons from the four-day week: Reducing working time in the digital transformation of work", *Policy Brief*, Digital Futures at Work Research Centre.

Caillet C. & É. Tomé-Gertheinrichs(2024), "Articulation des temps de vie professionel et personnel: de nouveaux défis", *Avis du Conseil économique*, social et environnemental sur proposition de la commission travail et emploi, CESE.

Chung, H. J.(2022), "A Social Policy Case for a Four-Day Week", *Journal of Social Policy*, Vol. 51 Issue 3, pp. 551~566.

Cohen, E.(2018), "The Political Value of Time". Cambridge University Press.

Cuello, H.(2023), "Assessing the validity of four-day week pilots". Se ville: European Commission.

Debra Howcroft, Phil Taylor Author Notes(2024), "Experiences of working time intensification and extensification: examining the influence of logics of production in IT work", *Cambridge Journal of Economics*, Volume 48, Issue 1, January 2024, pp. 69~88.

Delaney, H. and Casey, C.(2021), "The promise of a four-day week? A critical appraisal of a management-led initiative", *Employee Relations: The International Journal*, vol. 44, no. 1.

European Foundation(2003), "A new organisation of time over working life", European Foundation for the Improvement of Living and Working Conditions, EU.

Francisca Mullens, Ignace Glorieux(2024), "Reducing working hours:

shorter days or fewer days per week? Insights from a 30-hour workweek experiment Get access Arrow", *Cambridge Journal of Economics*, Volume 48, Issue1, January 2024, pp. 41~68.

Fontinha, R. & Walker, J.(2019), "Four Better or Four Worse? Reading", Henley Business School.

Galgoczi, B.(2020), "Just transition on the ground: Challenges and opportunities for social dialogue", *European Journal of Industrial Relations*, Vol. 26(4).

Godefroy P. & S. Touze(2024), "Évolution des effectifs de la fonction publique en 2022", *Stats Rapides*, Juillet 2024, DGAFP.

Guðmundur D. Haraldsson Jack Kellam(2021), "Going Public: Iceland's journey to a shorter working week", *The Autonomy Institute*, Rowhill Road, London.

Guðmundur D. Haraldsson, Jack Kellam(2024), "On firmer ground: Iceland's ongoing experience of shorter working weeks", *The Autonomy Institute*, Rowhill Road, London.

Haraldsson, G. & Kellam, J.(2021), "Going Public: Iceland's journey to a shorter working week". Alda and Autonomy.

Hall PA, Soskice D.(2001), "Varieties of Capitalism: The Institutional Foundations of Comparative Advantage", Oxford University Press.

ILO(2008), "Report Ⅱ: Measurement of Working Time-18th International Conference of Labour Statistics", ILO: Geneva.

ILO(2017), "Working anytime, anywhere: The effects on the world of work", Eurofound · ILO.

ILO(2018), "Working Time and the future of work", Geneva: International Labour Office.

ILO(2019a), "Work for a brighter future", Geneva: International Labour Office.

ILO(2019b), "Guide to developing balanced working time arrange ments", Geneva: International Labour Office.

ILO(2022), "Working Time and Work-Life Balance Around the World", Geneva: International Labour Office.

Jane, B., Jill, M., Trevor, M., Tina, D., Peter, G.(2015), "12-hour shifts: Prevalence, views and impact", National Nursing Research Unit.

Julia Topp, Jan Hendrik Hille, Michael Neumann, David Mötefindt(2021), "How a 4day Work Week affects Agile Software Development Teams", November, 2021, Cornell University. pp. 1~16.

Kingdon, J. W.(1984), "Agendas, Alternatives and Public Policies", Boston: Little, Brown and Co.

King, L. C. and van den Bergh, J. C. J. M.(2017). "Worktime reduction as a solution to climate change: five scenarios compared for the UK", *Ecological Economics*, vol. 132, pp. 124~134.

Kroenberger, J. & L. S. Durham, and D. Woodson(2008) "Lippincott Williams & Wilkins' comprehensive medical assisting", Lippincott Williams & Wilkins/Walters Kluwer Health Inc., USA,

Kuilman L, Matthew C, Dierks M(2013), "Physician assistant education in germany", J Phys Ass Edu 2013, pp. 38~41.

Lehndorff, S.(2014), "It's a long way from norms to normality: The 35-hour week in France". *ILR Review*, 67(3), pp. 838~863.

Millot C.(2024), "Semaine 'en quatre jours': une réponse partielle à la demande d'un meilleur équilibre de vie", *Consommation et modes de vie*, N° 340, Crédoc.

OECD(2020), "How's Life? 2020: MEASURING WELL-BEING", *OECD Publishing*, Paris(https://doi.org/10.1787/9870c393-en).

OECD(2023), "Government at a Glance 2023", *OECD Publishing*, Paris(https://doi.org/10.1787/3d5c5d31-en).

Osterloh F.(2017), "Physician Assistant: Ärztetag billigt Delegation smodell-Physician assistant: medical conference approves delega tion model". *Dtsch Arztebl*. 2017:114(22~23): A-1106, B-922, C-902.

Schor, J. B., Wen F., Orla, K., Guolin, G., Tatiana, B., Niamh, B., & Hubbard(2022), "The Four Day Week: Assessing Global Trials of Reduced Work Time with No Reduction in Pay", Auckland: Four Day Week Global.

Sng, M., Khor, W., Oide, T., Suchar, S. C., & Tan, B. C.(2021), "Effectiveness of a Four-days/Eight Hour Work".

주4일제 시대가 온다

1판 1쇄 찍음 2025년 05월 05일
1판 1쇄 펴냄 2025년 05월 10일

지은이 김종진
펴낸이 천경호
종이 월드페이퍼
제작 (주)아트인
펴낸곳 루아크
출판등록 2015년 11월 10일 제2021-000135호
주소 10881 경기도 파주시 회동길 480, 아트팩토리 NJF B동 233호
전화 031.998.6872
팩스 031.5171.3557
이메일 ruachbook@hanmail.net

ISBN 979-11-94391-19-7 03300